여전히
잘 지내

여전히 잘 지내

초판 1쇄 발행 2020년 12월 04일

지은이 진희
펴낸이 장현수
펴낸곳 메이킹북스
출판등록 제 2019-000010호

디자인 장지연
편집 안영인, 장지연
교정 김시온
마케팅 오현경

주소 서울특별시 금천구 가산디지털1로 142, 312호
전화 02-2135-5086
팩스 02-2135-5087
이메일 making_books@naver.com
홈페이지 www.makingbooks.co.kr

ISBN 979-11-91014-66-2(03810)
값 12,000원

ⓒ 진희 2020 Printed in Korea

잘못된 책은 구입하신 곳에서 바꾸어 드립니다.
이 책의 전부 또는 일부 내용을 재사용하려면 사전에 저작권자와 펴낸곳의 동의를 받아야 합니다.

이 도서의 국립중앙도서관 출판예정도서목록(CIP)은 서지정보유통지원시스템
홈페이지(http://seoji.nl.go.kr)와 국가자료공동목록시스템(http://www.nl.go.kr/kolisnet)에서
이용하실 수 있습니다. (CIP제어번호 : CIP2020050454)

메이킹북스는 저자님의 소중한 투고 원고를 기다립니다.
출간에 대한 관심이 있으신 분은 making_books@naver.com로 보내 주세요.

'평범한 내 하루'의 이야기

여전히 잘 지내

진희 지음

머리말

나의 이야기를 하기 전,

　검정고시에 공대 출신. 그 후로도 쭉 공과 길만 걷던 문학의 '미음'도 모르는 기름쟁이가 겁도 없이 감히 문학판에 손을 내민 이유는 수많은 꿈을 어느 하나도 놓지 못하는 욕심 덩어리라서, 나처럼 수많은 꿈을 안고 도전하지 못하는 멍청이들이 그 어느 꿈도 놓지 않았으면 해서, 하루하루를 잘 지내고 있는 나의 평범한 이야기를 나와 같은 하루를 보내고 있을 좀 더 많은 사람들에게 '나는 잘 지내고 있다. 그러니 다들 잘 지내고 있다' 말해주고 싶어서라면 이유가 될까.

"사람 사는 거 다 이렇더라."

나의 평범한 하루에는 항상 '무슨 일'이 일어났다. 항상 나에게만 일어나는 일인 것 같고, 항상 다음은 없는 것 같은 일들의 연속이다. 하지만 그래서 재미있고, 그래서 꿀꿀 맛이 나고, 그래서 오늘도 다음 없이 실러보며 살 수 있는 내 평범한 하루의 이야기가 누군가에게 잠깐의 위로라도, 잠깐의 휴식이라도 될 수 있기를 바란다.

만약 잠깐의 위로나 휴식이 될 수 없다면, '세상은 넓고 별난 사람은 많구나' 생각해 주길 바라며 내 이야기를 써 보기로 했다.

어린 시절부터 책을 좋아했고, 내 이야기와 상상을 나 혼자 써 내려가는 것도 좋아했다. 그 덕분에 나름 조리 있게 말을 잘 쓰게 되어, 대학 시절과 그 후에도 지인들의 부탁을 받아 취업을 위한 자기소개서를 대신 써주기도 했다. 물론, 그 사람이 기초로 적어 놓은 그의 일생과 생각에 조미료를 조금 쳤을 뿐, 거짓말은 하지 않았다.

 진짜 '작가'라고 불리는 분들에 비하면 걸음마도 떼지 못한 글솜씨이지만, 다른 사람들에 비해 특별할 것 없는 '평범한 내 하루'들을 그대로 담아낸, 특별하지 않아서 더 애틋한 내 이야기들이다.

여전히 잘 지내

목 차

하늘에 구름이 하얗다 ····· 10

불타는 일기장 ····· 17

증조할아버지 ····· 23

친해지는 중입니다 ····· 29

서른 ····· 33

메리 크리스마스 ····· 39

게임기 ····· 44

네버랜드 ····· 49

'관종' 아니고 '별종'입니다 ····· 54

웃는 아이 ····· 58

신입 천사 산타클로스 ····· 62

술 한잔했습니다 ····· 65

청소년≠학생 ····· 70

발굴해내다 ····· 75

아버지 ····· 80

귀한 막내딸 ····· 85

밥 벌어먹기 ····· 90

프로이직러 ····· 96

여행 ····· 101

연애는 할 겁니다 ····· 106

개똥벌레 ····· 111

좋아하는 것과 싫어하는 것 ····· 116

출근하는 이유 ····· 120

로또 ····· 125

SNS ····· 129

장래희망 ····· 134

어떻게 지내? ····· 138

하늘에 구름이 하얗다

 내가 온전히 내 기억이라고 말할 수 있는 기억이 있을 때부터 지금까지, 나의 본가는 부산 1호선의 끝자락에 위치한 지금의 우리 동네를 떠난 적이 없었다. 내 기억 속

에는 총 3개의 집이 있는데, 내 초딩 시절 대부분을 보냈던 걸로 기억하는 집은 지상으로 엄마의 떡볶이 가게가 있고 가게 안쪽에 뻥 뚫려 있는 작은 입구로 들어가면 우리가 생활하는 공간이 있던, 한 오래된 빌라의 반 지하 집이었다.

정확히 기억나지는 않지만 'B동 지하 1층 101호' 이런 느낌의 주소였던 것 같다. 이곳은 원래 친할머니 소유의 집으로, 엄마가 월세를 냄으로써 우리도 친할머니와 같이 지내고 있었다. 어렸던 나는, 세상 모든 부모들이 스무 살이 넘으면 자식한테 세를 받는 건 줄 알았다.

가게 안쪽 작은 입구 맞은편은 세월의 흔적이 보이는 나무로 된 미닫이문이 달린 엄마와 아버지의 방이었고, 방과 가게 입구 사이의 한 사람이 겨우 지나갈 수 있는 좁은 복도를 따라 두세 걸음 들어가면 임시로 만들어져 문이 없고 바닥이 텅 빈 나무 판으로 되어있어 걸을 때마다 통통 소리가 나는 책상 하나만 겨우 들어가 있는 작은 방이 있었고, 또 한 걸음 뒤 화장실을 지나면 복도의 끝에는 주방이라고 하기엔 그냥 복도의 연장선인 작은 주방이 있었다. 싱크대 맞은편엔 또 다른 커다란 나무 미닫이문이 있었는데, 거기가 친할머니와 언니와 내가 함께 잠을 자던 집에서 가장 큰 공간이었다. 항상 그곳에서 티브이를 보고 온 가족이 다 같이 밥을 먹고 손님이 오면 손님맞이도 하는, 사실상 거실처럼 쓰였었다.

  내 기억 속에서 그날은 내가 첫 책을 읽던 날이었다.
  아마 한글을 뗀 지 얼마 되지 않았던 때라 누군가의 도움 없이 나 혼자 책 읽는 솜씨를 엄마에게 자랑하고 싶었던 것 같다. 작디작은 부엌에서 저녁 준비가 한창이시던 엄마는 아직 닫지 않은 가게에 손님이 올까 온 신경이 반대편 복도 끝의 가게를 향한 채로 저녁 준비를 서두르고 있었고, 나는 좁은 부엌 바닥에 누워 바쁜 엄마의 동선을 방해하며 《엄지공주》를 펼쳐 들고, 큰 소리로 낭독했다.
  가게도 신경을 써야 하고 동시에 저녁 준비도 바빴기에 나에게 쏟을 정신까지는 없던 엄마는 나의 첫 낭독회를 전혀 듣지 않았고, 그 누구도 나에게 관심을 주지 않았지만 더듬거리는 한글 실력으로 꿋꿋이 낭독을 끝낸 나는 스스로 엄청 뿌듯해하면서 엄마를 쫓아다니며 나의 실력이 어떠한지 캐물었다.

그게 내가 기억하는 나의 첫 책이었다.

엄마가 첫째인 덕에 밑으로 이모가 3명이나 있는 언니와 나는 첫 조카의 혜택을 많이 받았는데, 가끔 이모들이 언니와 나를 데리고 옷이나 먹을 것을 사주기 위한 쇼핑에 나서면 나는 꼭 책을 사겠다며 고집을 부렸다. 결국 내 고집에 못 이긴 이모들은 언니는 옷, 나는 책을 사주었다. 그래 놓고는 맨날 언니 옷만 물려받는다고 신세한탄을 하기도 했다고 한다.

엄마의 말에 의하면, 초등학교 1학년 때는 이런 앞뒤 다 자른 신세한탄을 들은 같은 반 학우의 부모님이 우리 엄마의 가게로 내 손을 잡고 찾아와 '아무리 친어머니가 아니라도 두 아이를 너무 차별하여 키우지 말아주세요'라는 부탁을 하기도 했다고 한다.

아무튼 중요한 건 내가 책을 아주 좋아했다는 것이다. 책을 좋아하다 보니 엉뚱한 상상도 많이 하게 되었고, 그 엉뚱한 상상들을 자연스럽게 글로 남기곤 했다. 한글을 뗀 후부터 적었던 일기는 아직도 고된 하루 뒤의 습관처럼 남아있다. 초등학교 저학년 때는 혼자 원고지에 시를 써 모아서 나만의 동시집을 만들기도 했다. 엄마는 그런 나를 보면서 '아, 이 아이는 커서 이야기를 하는 사람이 되겠구나! 작가가 될지도 몰라!'라고 소소한 기대를 하신 적도 있다고 하셨다. 현재의 나와는 거리가 꽤 멀지만, 당시 엄마는 그 작은 기대로 작은 수첩을 하나 사주셨다.

"뭐든 써 봐. 그게 뭐라도, 네가 쓰고 싶은 아무거나 써 봐."

정말 아무거나 썼다. 다들 수업 시간에 교과서 귀퉁이에 아무거나 끄적이지 않는가? 그 아무거나를 수첩 하나에 차곡차곡 썼다.

'배고프다', '잠 온다', '언니 바보', '만화방 갈까.'

나중에는 수첩이 필요가 없어졌다.
그 아무거나를 아무데나 쓰기 시작했다. 사실 펜과 종이를 하루 종일 봐야만 하는 초, 중, 고등학생들은 모두 나와 같이 아무거나를 아무데나 끄적이고 다녔을 거다.
(관광지, 문화재에 낙서를 하지 맙시다.)
나의 '아무거나 쓰기'는 계속되었고, 낮이고 밤이고 항상 친구들과 어울려 다니며 놀던 사춘기 시절에도 나의 아무거나 쓰기는 지속되었다.

하루는, 친구 녀석이 내 아무거나 쓰기를 우연히 보게 되었는데 하필이면 그게 '배고파'나 '심심해'가 아닌 '하늘에 구름이 하얗다'였다.
그 시절의 우리에게 감성적인 아이들은 좋은 놀림감이었다. 그리고 '하늘의 하얀 구름'은 오글오글하고 딱 좋은 먹잇감이었다. 결국 친구들에게 먹잇감이 되고 싶지 않던 17살의 사춘기였던 나는 아무거나 쓰기를 그만뒀다.

'하늘에 구름이 하얗다.'

인스타 감성을 너무 일찍 알았던 것 같다.

불타는 일기장

 '아무거나 쓰기'를 그만두고도 일기 쓰기의 습관은 계속되고 있다. 물론 하늘의 구름이 하얗던 그날 이후엔 아무도 내 글이나 일기를 보지 못하도록 꽁꽁 숨기게 되었다.

매일 쓰지도 길게 쓰지도 않지만, 그냥 일기장이 생각나는 날, 오늘을 기억하고 싶은 날, 다시는 기억하기 싫은 날… 그럴 때마다 일기를 쓰고 있다. 그러다 보니 하나의 일기장에 쭉 이어 쓰지도 않고 날짜도 띄엄띄엄이라 지금도 3권의 일기장을 번갈아 가며 쓰고 있다.

한창 사춘기의 정도를 달리고 있을 시기에도 일기를 썼다. 매일 쓰고 싶은 말이 얼마나 많던지…
아마 그때가 지금보다 일기를 훨씬 더 많이 썼던 것 같다. 많은 사춘기의 아이들이 그렇듯 사춘기 가운데의 나도 1순위는 언제나 친구들이었다.

우리 동네엔 '선경오락실'이라고 상가 건물 2층에 위치한 옛스러운 오락실이 있었는데, 지금은 코인 노래방이라고 불리는 오락실 구석의 동전 노래방과 오락 기기들 그리고 플스 구역으로 만들어진 구역까지 이 동네 모든 중·고등학생들의 아지트 같은 곳이었다. 나 역시 중2병에 걸렸을 시기부터 수업이 끝나면 친구들 무리와 함께

'선경오락실'에 살다시피 했었다. 그리고 그곳에서 내 모든 사춘기의 연애들이 이루어졌었다.

나는 여중을 다녔었는데, 이성에 한창 관심이 많을 사춘기 여자애들이 몰려다니다 보니 자연스럽게 근처 남중 아이들과 어울리게 되었고, 그때 첫 남자친구를 만나게 되었다. 첫 키스와 첫사랑도 했던 시기였다.

물론 첫사랑보다는 풋사랑이었겠지만. 그러다 보니 일기장엔 점점 더 많은 사춘기 소녀의 비밀들이 쓰여지고 있었다.

초등학교 저학년 시절, 학교에서 일기장 검사를 했었다. 나의 하루 일과와 나의 개인적인 생각을 왜 선생님께 검사 받아야 하는지 이해할 수 없었던 나는, 일기장 검사를 거부했다. 그런 9살 난 딸의 충효일기 검사 반대를 지지해 주셨던 엄마 덕분에 나는 그 뒤로도 쭉 일기장 검사에서 제외되었다.

그래서 일기장은 내가 정말 솔직할 수 있고 나의 모든

비밀을 적어 놓을 수 있는 나만의 공간이었다. 아무도, 그 누구도 절대 보지 않을 것이라 확신하며 모든 이야기를 적었었다. 몇 날을 친구들과 밤늦도록 어울려 놀다 정해진 귀가 시간을 넘기고 계속된 늦은 귀가 때문에 엄마한테 한껏 혼이 난 다음 날, 또 나가서 친구들을 만나 놀기엔 양심이 찔렸던 나는 하루 온종일 집에 얌전히 있다가 사춘기 소녀 감성을 풀로 장착한 뒤에 방문을 걸어 잠그고 일기를 쓰기 위해 일기장을 폈다. 그런데 어제 일기가 이상했다.

'학교 마치고 엄마한테는 도서관 간다고 하고 오락실로 갔다.'
'→ 믿고 있었는데 실망이다.'

'?????'

아니, '다모임'도 아니고 '세이클럽'도 아니고… 내 일기장 모든 날짜들에 댓글이 달려 있었다. 세상에… 누가 일기장에 리플을 단단 말인가! 이 프라이빗한 곳에 누가 이런 짓을 한단 말인가!

충격을 부여잡고 일기장 모든 페이지에 달려 있는 댓글을 하나하나 읽었다. 범인은 바로, 엄마였다. 나의 프라이버시를 지켜주기 위하여 초등학교 담임에게서 충효일기 검사권을 빼앗아 주었던 바로 그 엄마가 아니었던가. 너무 충격적이고 화가 치밀어 올랐다. 사춘기 소녀의 일기장을 건드리다니!
이 화난 마음을 당장 표출해야만 했다.
엄마의 퇴근 시간까지 기다릴 수는 없다!
일기장을 들고 마당으로 나갔다. 그 당시 살던 집은 엄마가 아버지와 결혼을 하기 전부터 할머니와 함께 살던 아주 오래된 연립 주택이었는데, 연립 주택의 두 동 사이 중앙엔 모든 세대가 공동으로 쓰는 주차 공간 겸 마당 겸 수돗가가 있었다. 엄마가 집으로 들어오기 위해선 그곳을 거쳐야만 했고, 다들 오래된 주민들뿐이라 서로 빤히 아는 사이들이었다.

거기서 난 일기장 화형식을 하기로 했다. 화형식이 끝나기 전 엄마가 온다면 나의 분노를 알 수 있을 테고, 화형식이 끝나고 난 뒤에 엄마가 오더라도 나의 화형식을 본 주민들이 엄마에게 나의 분노를 말해 줄 테니, 거기가 최적의 장소였다. 그렇게 내 '첫'이 가득했던 중2병 소녀의 일기장이 불타버렸다.

가끔 엄마와 언니와 술이라도 한잔하며 옛이야기를 하면, 나는 엄마의 댓글 사건을 이야기하며 핏대를 세우고, 엄마와 언니는 그보다 독했던 내 중2병을 이야기하며 핏대를 세운다. 지금 생각하면 자기가 거짓말한 것을 걸려 놓고 자기가 일기장을 불태우고 있었다.
뻔뻔하다.
그래도 일기장 댓글러는 반대다.

증조할아버지

　양가의 할아버지들은 내가 태어나기 훨씬 전, 엄마와 아버지가 결혼을 하기도 전에 돌아가셨다. 그래서 나는 할아버지들의 흑백사진을 본 것 말고는 그 분들에 대해

서 아는 게 없다. 그나마 내가 본 흑백사진 속의 우리 외할아버지는 진짜 잘생기셨는데, 유감스럽게도 나한테는 그 유전자가 오지 않았다.

양가의 할아버지가 살아 계시진 않았지만 그렇다고 나에게 할아버지가 없는 것은 아니었다. 엄마의 할아버지, 외할아버지의 아버지는 내가 태어난 후로도 꽤 오랫동안 나와 같은 동네에서 사셨다. 나의 아버지는 3형제 중 첫째였고, 엄마는 4자매 중 첫째였다. 그래서 내 언니는 친가와 외가를 통틀어 온 집안의 첫아이였기에, 아직 남아선호사상이 진하게 남아있던 그 시절에도 양쪽 집안에서 많은 예쁨을 받았다.
하지만 난 사정이 달랐다. 아들이었어야만 했다.
요즘은 딸이 대세라지만, 라떼는 그렇지 않았다.
물론 부모님께서는 아들이건 딸이건 상관하지 않고 나를 충분히 사랑해주셨지만, 친척 모임이 있을 때면 그 충분히 넘치는 사랑으로도 나는 충분하지 못했고, 내가 아들이 아닌 것은 잘못이었다.

친가 댁 시골 모임에 가면 장손한테서 아들로 태어나지 않은 건 내 탓이라, 어른들의 엄명으로 미성년자 친척들만 모여서 놀고 있는 대문 옆 구석방엔, 나는 출입 금지였다. 어쩔 수 없이 대식구의 식사 준비로 바쁜 엄마 뒤꽁무니만 졸졸 쫓아다니거나, 시골집 올 때만 타는 아버지의 봉고차로 가서 혼자 있었다. 혼자 봉고차에 앉아 기다리고 있으면 아버지가 슬쩍 와서 놀아주시곤 했다.

외가댁 모임에 가면 아들로 태어나지 않아 내 식구 힘들게 하는 죄인이었고, 대놓고 나를 뭐라고 하는 사람은 없었지만 '저게 아들이었어야 했는데' 하는 소리를 자꾸 듣게 되니, 한없이 위축되기만 했었다.

그 분들은 아니라고 하실지 모르겠지만 적어도 내가 아프기 전까지는 그랬었다. 내가 크게 아프고 퇴원을 하고 난 이후부터는 친할머니는 '하나님이 살리신 아이'라며 나에게는 괴로웠지만 본인에게는 자랑이었던 교회 간증까지 시키시며 나를 대하는 게 조금은 달라졌었다.

친할머니와 같이 살던 초등학교 시절, 나보다 2살 어린 작은아버지네 아들이 주말이면 혼자 집에 놀러 오는 일이 많았다. 친할머니는 아들이었던 동생을 유독 예뻐하셨고 매번 동생이 올 때면 교회에 헌금하라고 헌금 봉투에 돈 천 원을 넣어 주셨었다. 하루는 동생이 그 봉투째로 잃어버린 일이 있었다. 그날 나는 그 돈을 찾을 때까지 친할머니에게 매질을 당했고, 돈은 휴지통에서 다른 종이 뭉치들과 함께 발견되었다. 내가 훔치지 않았었다.

아프기 전엔 나는 그냥 아들이었어야 하는 아이였다. 유년기의 나는 항상 예쁨을 받는 언니가 미웠다. 그래서 언니보다 뭐라도 잘하고 싶었지만 유년기의 언니는 그야말로 '넘을 수 없는 벽'이었다. 축구도 잘하고 공부도 잘하는데다가 친구도 많았다.

그렇다 보니 그 시절 늘 사랑이 고팠던 나에게 증조할아버지는 한없이 다정한 분이셨다. 항상 나에게 '이쁜 것, 불쌍한 것'이라고 부르며 내가 하교하는 길목에 앉아 기다리시다가 사탕을 손에 쥐어 주고 가시곤 했다. 너무 좋았다. 너무 좋아했다.

언니에게도, 나에게도 하나밖에 없는 할아버지가 다들 언니만 예뻐하는데 나도 예뻐해 주시니 너무 좋았다. 그렇다고 언니와 나를 차별하시는 분도 아니었다. 우리를 똑같이 예뻐해 주셨다. 학교에 가면, 친구들에게 자꾸 '너희도 할아버지가 있냐'고 물어보면서 자랑하기 바빴었던 것 같다.

"넌 그냥 할아버지지? 나는 증조할아버지다!"

'우리 엄마는 너희 엄마보다 나이가 더 많다!'와 같은 맥락의 어린아이다운 자랑이었다.

계속 나를 예뻐해 주기엔 할아버지는 많이 늙으셨고, 결국 암으로 병원에 계시다가 92살의 나이에 돌아가셨다. 그때 난 8살쯤 되었던 것으로 기억한다. 할아버지가 돌아가시기 전, 할아버지가 보고 싶을 때면 학교가 끝나고 혼자서 할아버지가 있는 병원을 찾아갔다. 할아버지의 병실로 들어가면 노랗고 비쩍 마른 손으로 힘겹게 웃으며 베개 밑에서 사탕을 꺼내 주셨다. 할아버지는 나를 끝까지 예뻐해 주셨다.

 사랑하는 사람과의 첫 이별이었다.

친해지는 중입니다

　낯선 사람을 좋아하지 않는 편이다. 사람을 많이 가리기도 하고 어느 정도 친해지더라도 진짜 마음을 열고 받아들이기까지 시간이 꽤 오래 걸리는 편이다. 지금보다 더 어릴 때는 '내가 아직 마음이 열리지 않았다'는 것을 상대가 알도록 어떻게든 티를 내려고 했다. 그래서 그 누군가에게는 종종 상처를 주기도 했다.

20살에 처음 대학 기숙사에 들어가 만난 친구들에게 '나는 오래된 친구들이 있으며 그 친구들로 충분하니 너희는 내 친구가 아니다'라고 상처를 주었던 적도 있었다. 그때는 그 친구들이 나에게 없으면 안 되는 존재가 되어 있을 지금을 상상도 못하고 말 같지도 않은 이야기로 친구들을 밀어냈었다.

대학 졸업 후 사회생활을 시작한 후부터는, 내가 싫더라도 관계를 유지하고 이어가야 하는 일이 많아졌다. 그래서 지금은 상대가 나랑 친하다고 생각하면, 굳이 내 닫힌 마음을 상대에게 말하지 않고 관계를 유지하는 편이다. 사실 가족과 친구들을 떠나서 혼자서 지내는 세월들이 더해지니, 사람이 그리워서 얕은 관계라도 더 이어가고 싶은 건지 모르겠다.

이 글을 보는 누군가는 이렇게 물어볼 수도 있다.

"그럼 나도 아직 너의 기준엔 친하지 않은 거야?"

내가 욕을 섞어가며 목청껏 누군가 흉보는 것을 들어본 적이 있는가? 나를 만났을 때 무언가 먹고 싶다며 칭얼거리는 것을 들어본 적이 있는가? 내가 내 의견에 고집을 부리며 내 의견대로 하자고 주장한 적이 있는가?

맞다. 친하지 않은 것이다. 하지만 지금의 나는 나와도 별로 친하지 않다. 혼자 있을 때에도, 목청껏 소리를 지르며 욕하지 못하게 되었다. 먹고 싶은 걸 양보하는 것에 익숙해졌다.

사회생활 시작 전에는 그렇게 고집쟁이였던 것 같은데 최근엔 고집 부릴 일도 점점 없어진다. 이렇게 자신과도 멀어지고 있는 것 같다.

생각해보니 사람을 만나는 게 불편한 것이 아니라, 사람들과 친해지는 게 어려운 것이 아니라, 스스로를 아는 게 더 어려워진 것 같다. 가끔 만나서 술 한잔 먹고 반갑게 이야기를 하는 사람들 중에도 무리에 섞여 함께 있으니 만나는 것이지, 그중에는 단둘이 만나기는 싫은, 나의 취향이 아닌 성격의 사람들이 있고, 가끔은 내가 한 행동인데 나 스스로도 왜 그랬을까 이해 안 가는 어제의 내가 있어 밤에 이불 킥을 하기도 한다.

다른 사람들은 물론이거니와 나랑도 이렇게 서른 해가 훌쩍 넘도록 친해지는 것이 너무 어려운 것 같다.
좀 친해져야 할 텐데…
내가 뭘 좋아하는지 뭘 싫어하는지도 잘 알지 못하니, 다른 사람의 마음도 알 수 없는 것은 아닐까. 분명 나는 사람을 정말 좋아하는데 왜 이렇게 사람이 어려운지 모르겠다.

만 31년 하고도 2개월 차, 아직도 친해지는 중입니다.

서른

　어릴 때는 서른이라는 나이가 아주 크고 멀게 느껴졌다. 심지어 십 대 때는, 오십이라는 나이가 너무 늙고 오래되고 해지게 느껴져서 꼭 그 전에 아름답게 생을 마감

하고 싶다는 생각을 하기도 했었다.

　서른을 훌쩍 넘긴 지금 나는 십 대 때와 다를 것이 없다. 여전히 만화책을 읽고, 티브이 속 오락거리들을 보며 의미 없는 시간을 보내고, 매일 아침 일어나는 게 힘들고, 오만 가지 쓸데없는 상상을 하며 하루를 허투루 보내기도 한다.

　지금도 여전히 이 분야에는 여자들이 많이 없지만, 내가 20대 초반 무렵 처음 설계를 시작할 때에는 지금보다도 여자들을 보기가 더 힘들었다.

　기계쟁이들이 꼰대가 많다는 말을 들어보았는가?
　정말이었다. 구미에서 첫 자취 생활을 시작하고 작은 회사의 9번째 사원으로 입사하여 내 첫 개발 장비의 설계를 맡았던 때였다. 당시 회사의 직원 수가 얼마 안 되다 보니 현장 분들은 전부 외주 업체 인원으로 운영되고 있었다. 조립 담당 외주 업체 분이 아마 나의 아버지뻘은 되셨던 것 같다. 그 분은 경력 20년의 베테랑이셨고,

나는 이제 막 대학을 졸업하고 일을 시작한 병아리 중의 햇병아리였다.

 당시 사장님과 팀장님은 그 햇병아리의 창의성을 보기 위해서 그러셨는지, 내 아이디어의 좋고 나쁨을 떠나 적극 반영하여 개발 장비의 프로젝트 진행을 스스로 해보고 배우라고 하셨다. 부분 설계가 아닌 프로젝트 진행을 처음 하던 나는 모르는 부분은 사수한테 물어 가며 겨우 도면을 만들어 냈었다. 그렇다 보니 매번 하던 방식과는 좀 다른 방식들도 많았고, 가공품의 조립은 기존의 다듬어진 방식과는 달리, 햇병아리 룰대로 되어 있었다.

 맞다. 엉망진창으로 만들었다.
 그래도 장비라는 게 도면대로 조립이 되어야만 제 기능을 할 수 있는 부분이 많다. 나의 첫 장비였기에 나는 수시로 현장을 오가며 조립 상태를 확인했다. 그러다가 도면과 다른 방식으로 조립되어 있는 가공품의 한 유닛을 발견하여 외주업체 베테랑 분에게 다시 재조립해 주실 것을 요청했다.

"어린 계집애가 어디 감히 기름내 나는 현장에서 이래라 저래라야? 너 몇 살 처먹었어? 이 일 얼마나 했어?"

"아니… 이렇게 조립을 해버리면 다음 조립이 안 돼서요… 도면에 제가 표기를 해뒀는데…"

"네가 그린 도면을 뭘 보고 믿어! 내가 20년이 넘게 장비를 만진 사람이야. 내가 보는 게 맞아!"

일일이 다 써 내려갈 수는 없지만 다시는 듣고 싶지 않은 말들이 이어졌다. 욕과 함께 쏟아지는 험한 말들이 마음속 깊이 상처가 되어 마구 꽂혔다. 그날은 내가 직장 생활을 시작하고 서러움에 처음 엉엉 운 날이었다.

도면대로 재조립 작업을 해주십사 팀장님의 입을 빌려 다시 말씀드릴 수 있게 부탁드렸다. 외주 업체 분은 어린 계집애의 말이 아닌 팀장님의 말씀은 들어주셨기에 사건은 일단락되었다. 그때 나는 내가 기존과 다르게 그려놓은 내 도면이 엉망진창이라는 생각보다는 '어린 계집애'

란 말에 꽂혀서, 어리고 계집애라 똑같은 요청을 드려도 이런 소리를 들었던 거라 생각했다.

서른 살만 넘으면 더 이상 어린 계집애가 아닐 테고, 내 경력만큼 당연히 실력도 자라 있을 것이니까 그런 소리를 듣지 않아도 될 것이라는 이상한 생각을 하면서 '서른만 돼 봐라. 더 이상 어리다고 무시하진 못하겠지' 하며 서른이 되기를 손꼽아 기다렸었다.

서른이 넘은 지금.

나는 여전히 출근하면 혼나는 일이 부지기수이고, 모아 놓은 돈도 없으며, 업무는 배울 게 차고 넘치고, 아직도 도면은 엉망진창이다. 책임은 많아졌지만 할 줄 아는 것은 여전히 없으며, 아직도 허황된 꿈들은 넘쳐나고, 어른이 되기엔 멀었다.

쉰이 넘은 엄마는 아직도 소녀 같고, 여든이 넘은 할머니는 아직도 귀엽기만 한데, 고작 서른인 나는 애기가 아닌가. 나의 나이와 상관없이 나에게 상처를 주는 사람들은 여전히 있으며, 그 사람들을 잘 견디지 못하는 것은 서른이 넘었어도 똑같더라.

'스무 살의 진희야~ 서른을 기다리며 살지 마. 하루, 한 달, 일 년. 지금 소중한 시간들을 울고 웃고 화내고 즐기며 살아! 서른 별거 없다!'

메리 크리스마스

 크리스마스는 일 년 중 내가 제일 좋아하는 날이다. 새해보다, 생일보다도 크리스마스가 훨씬 더 좋다. 한 번도 산타에게 크리스마스 선물을 받아 본 적이 없지만, 한 번도 특별한 추억이 있는 크리스마스를 보낸 적이 없지만, 그냥 크리스마스가 좋다.

   크리스마스 전 다들 들떠있는 그 분위기도 좋고, 산타와 요정들과 루돌프 같은 마음껏 상상할 수 있는 크리스마스만의 많은 이야기들도 좋고, 무엇보다 '크리스마스니까!'라고 말할 수 있어서 좋다.

1997년 12월이었다.

크리스마스 전이었고, 내가 좋아하는 모든 것이 있는 날이었다. 그 당시 나는 '웅진' 학습지를 하고 있었고, 다른 학습지들처럼 선생님이 우리 집으로 오는 것이 아닌, 선생님의 집으로 몇몇 친구들과 모여 가서 수업을 받는 방식이었다. 그날은 크리스마스 휴일 전 '웅진'의 마지막 수업이었다. 선생님은 우리에게 크리스마스 선물을 주시겠다며 갖고 싶은 것을 말해보라고 하셨다.

   그날따라 날씨가 추워서인지, 아니면 어제 너무 뛰어논 탓인지는 모르겠지만 다리가 아리고 아팠다. 장난스럽게 나는 '쌤! 저 다리 아파요~ 목발 사주세요' 하며 웃었다.

아프기는 하지만 장난치며 웃을 정도였으니 못 걸을 정도로 심하게 아프지는 않았었다.

　수업이 끝나고 이제 집으로 돌아가기 위해 걸어가고 있는데, 점점 다리에 힘이 풀렸다. 점점 더 다리가 아파왔다. 뭔가 이상했다. 같이 걸어가던 친구들이 양쪽에서 어깨동무를 하며 부축해줬다. 친구들의 부축을 받아 겨우 집에 도착해 바로 들어가지 않고 엄마의 가게 안 평상에 털썩 앉아서 손님맞이에 정신 없는 엄마를 보고 말했다.
"엄마, 나 다리 아파."
"갔다 왔으면 얼른 들어가서 숙제 해."
"엄마 나 다리 진짜 아픈데…"
　나는 내 바지를 걷어 다리를 보았고 엄마보다 먼저 내 다리를 본 손님이 놀라 소리쳤다.
"어머! 애기 다리 왜 저래!"
　빨갛게 멍이 든 자국 같은 반점들이 온 다리를 빼곡히 덮고 있었다. 피부병처럼 가렵지도 않고 수두처럼 볼록하지도 않고 아프기만 했다. 손님의 외침에 뒤돌아 내 다리를 본 엄마도 놀라서 나에게 달려왔고, 나는 거실처럼 쓰이던 원래 자던 방이 아닌 다른 사람들이 잘 들어오지 않는 부모님 방에 자리를 펴고 눕게 되었다.

다음 날은 크리스마스였고 병원들이 휴진이라 동네 아줌마들이 모여 나의 증상에 대해 토론을 했다.
"식중독 아닌가?"
"그냥 피부병 같은 건가?"
"수두는 아닌데…"
결국 답은 나오지 않았고 크리스마스가 지나자마자 병원을 가기로 했다.

나를 딱히 예뻐하지 않던 친할머니도 내 다리를 빼곡히 덮은 붉은 반점들에 놀라서 가게를 비울 수 없는 엄마 대신 나를 데리고 병원으로 가주셨다. 밖으로 보이기엔 피부에 많은 반점이 일어난 것이니 피부과를 찾아갔는데 무슨 이유였는지 모르겠지만 하필이면 쉬는 날이었다.
피부과의 닫힌 문을 뒤로하고 계단을 걸어 내려오는데

3층에 소아과 간판을 보았고, 혹시 모르니 소아과에서 진료를 받아보자는 친할머니 말에 소아과를 가게 되었다. 내 상태를 본 의사는 고개를 갸웃거리며 죄송하지만 무슨 병인지 모르겠다 하셨고, 본인이 잘 아는 의사 한 분을 소개해드릴 테니 그쪽으로 가서 진료를 받아보라고 하셨다. 그 분의 소개로 간 병원에서 어렵게 진단을 받게 된 후에 나는 거의 일 년 동안 병원을 오가며 지내게 되었다.

내 인생의 가장 큰 병을 얻게 된 1997년 겨울의 크리스마스는 나에게 큰 아픔을 주기도 했지만, 더 많은 사랑을 받으며 오롯이 나를 위해 살 수 있는 기회를 주는 날이 되었다.

그래서 나는 아직도 크리스마스를 좋아한다.

게임기

 97년 크리스마스 이후 지금은 병명도 잘 기억나지 않는 병으로 꽤 오랜 시간 병원에 있었다. 바이러스로 인하여 몸속의 혈관이 끊어지는 병이었다. 지금은 세월이 많이 흘렀기에, 나에게는 길고 어려웠기에 몇 번이고 되물어 기억했던 병명조차 기억이 나지 않을 정도로 희미해졌지만, 그때는 나와 가족 모두 내가 죽는 줄로만 알았었다.

동네 소아과 의사 분에게 소개받았던 부산 남포동 근처 '메리놀 병원'으로 가서 진단을 받고 거기서 입원을 했다.

집안에 아픈 사람이 있으면 온 가족이 같이 힘들어진다고 했던가…

정말 그랬었다. 집 근처의 병원도 아니었고 지하철로 한 시간이 걸리는 거리인데다가 병원비와 생활비 때문에 부모님 두 분 다 일을 그만두고 내 옆에 있어줄 수 있는 상황도 아니었다. 심지어 그 시절은 IMF로 인해 전 국민이 힘든 시절이기도 했었다.

딱히 밖에서 뛰어논다거나 개구쟁이처럼 활동적인 아이는 아니었지만, 그럼에도 하루 종일 침대에 누워만 있어야 한다는 것은 9살 난 아이에겐 엄청 힘든 일이었다. 옆에 있어 주지 못하는 부모님께 불평할 수도 없는 노릇.

하지만 종일 책만 보고, 그림만 그리고 있기엔 심심하기 그지없었다.

  옆 병실의 언니가 자주 내 침대로 놀러 와서 나와 놀아주고 그림도 같이 그려주었다. 하지만 나 못지 않게 중증의 병으로 입원했던 그 언니도 내 병원 생활의 끝까지 함께 있지 못하고 먼저 가버렸고, 그 후로 난 병에 의한 아픔보다 외로움이 더 커졌다.

  어렸을 때의 일이라 대부분 그때의 상황들은 어른들의 기억에 의해 추가되고 지워지기도 했지만 확실한 건 몸의 아픔 못지 않게 많이 외로웠다. 이제 와서 그때의 내 외로움을 말하기엔 당시 우리 가족이 힘들었던 모든 이유가 나의 병 때문이었던 것만 같아 지금은 그때의 내 감정에 대해서 많은 이야기를 하지 않는 편이다.

  당시 온 가족이 나를 지키느라 바빴기에 혼자 집에 남아있는 날들이 많던 언니는 점심으로 아버지가 시켜주신 짜장면을 먹고, 저녁에 할머니가 또 짜장면을 시켜주셔도 군말 없이 꾸역꾸역 먹다 탈이나 밤새 고생을 하기도 했다. 엄마는 하루 종일 일을 하고도 쉴 틈도 없이 병원으로 와서 밤새 내 병간호에 제대로 자지도 먹지도 못했던 것을 기억한다.

 그렇게 병원 생활을 이어가던 중, 이모가 병문안을 왔다. 나에게 갖고 싶은 것과 하고 싶은 것을 물어봤었다. 나는 아무 말도 하지 않았지만 이모는 내가 심심해 보여서 그랬던 건지 아님 그냥 아이들이면 으레 좋아할 것이라고 생각해서 그랬는지 모르겠지만 티브이에 연결할 수 있는 팩 게임기를 사라고 엄마에게 돈을 주었다고 했다.

 오래된 기억이라 정확하지 않을 수도 있지만 당시의 내 병은 움직임이 많아지면 그 부분으로 혈액이 많이 돌아 바이러스의 활동이 활발해진다고 했었던 것 같다. 그래서 나는 대부분의 시간을 침대에 누워서 보내야 했는데, 침대에 누워서 게임을 할 수 있으면 내 무료함과 외로움이 달래질 것이라고 생각하며 한껏 신이 났었다.

그 후로 나는 몇 날 며칠 그 게임기가 오기만을 기다렸던 것 같다. 엄마가 없을 때 옆 병상 아이들에게 자랑도 하고, 게임기가 오면 같이 게임을 하자 이야기도 하고…
　들뜬 기분으로 계속 게임기를 기다렸지만 게임기는 내가 퇴원을 할 때까지 오지 않았다.

　퇴원 후 지금까지 한번도 그 게임기가 어떻게 되었는지 엄마에게도, 이모에게도 물어보지 않았다.
　알 것 같았다.
　덕분에 난 무사히 퇴원했고, 아프지 않게 되었으니깐 게임기는 그 후로도 필요하지 않았다.

네버랜드

  며칠 전에 친구가 결혼을 앞두고 청첩장도 전해줄 겸 같이 술을 한잔하러 내가 있는 지역으로 놀러 왔었다. 스무 살 때부터 많은 것을 함께해 왔던 친구라 지인들이 많

이 겹치다 보니 '누구에게는 연락했냐, 누구는 온다고 하더냐' 같은 이야기를 하다가 오랜만에 듣는 이름에 반가워 그 자리에서 바로 그 친구에게 전화를 했었다.

 결혼을 앞둔 친구와 나의 대학 동기이자 최근 4년간 서로 왕래가 없던 그 친구는, 대학에 입학하자마자 같은 과 친구로 만나 알게 된 지 몇 일도 안 돼 사귀기 시작하여 3개월 남짓의 짧은 기간 연애를 하다 헤어진 후 다시 같은 과 동기로, 같이 20대를 겪는 친구로, 6년을 넘게 연락하며 친구로 지내다가 그 친구의 결혼과 함께 연락이 뚝 끊겼던 친구였다. 반가운 마음에 이런저런 이야기를 했고 전화를 끊고 나서 그 친구에게 카톡이 왔었다.

'진희야 네버랜드에 살고 있냐 아직.'

 나는 피터팬을 좋아했었다. 아니, 아직 좋아한다.
 후크 선장을 이겨서도 아니고, 인디언 아이를 구해줘서도 아니고, 다른 어린이들의 대장이어서도 아니었다. 언제나 어리고, 철 없고, 자기가 좋은 게 가장 중요하고, 걱정하고 고민하기보다는 거침없이 행동하는 '피터팬'이 좋았었다. 그리고 나도 피터팬처럼 살고 싶었다. 네버랜드의 아이처럼 나의 즐거움을 위해, 나만을 위해 그 무엇에도 거침없이 살고 싶었다.

  씁쓸해졌다.
  사실 나는 아직도 네버랜드를 꿈꾸며 살고 있지만, 내가 좋아하는 것보다 해야만 하는 것들을 먼저 하는 어른 흉내를 내는 아이로 살고 있기 때문이다.

  만화 영화에 나오는 로봇을 만들고 싶어서, 냉장고와 전자레인지가 신기하고 재미있어서, 오랜 시간을 꿈꾸다가 스스로 선택한 직업이었다.
  그런데 지금의 나는 출근해서 퇴근할 때까지 내가 만들고 싶은 것이 아닌 윗사람들의 조종에 따라 찍어내듯 도면을 그려내고 있다. 그렇게 도면을 찍어내고 받는 월급조차 아직은 작디작아서 나를 위해 쓰기보다는 그냥 하루를 살아내기 위해 쓰는 게 고작이다. 월급을 받고 일주일 만에 잔고가 없어지면 월급을 일주일 치만 준 게 아닌가 싶다.

그래도 아직 포기하지 못했다.
한 달에 한 번은, 내 생일 때는, 보너스가 두둑한 날에는…

매번은 안 되더라도 가끔은 나를 위해 보기도 한다. 그러니까 내 머리맡의 만화책이랑 여행용 캐리어 곳곳에 있는 레고랑 차 트렁크의 비비탄 총과 싸구려 RC카는 포기하지 못했다. 주말이면 밤새 영화를 틀어놓고 혼자 먹는 술도, 가끔은 혼자 운전대를 잡고 몇 시간을 달려 바닷가로 나가 담배 한 까치 피고 돌아오는 사치도 포기하지 못했다.

그래, 아직은 내가 주인공인 인생을 살고 있다. 포기하지 않는다면, 이렇게 작은 하나하나의 즐거움을 놓지 않는다면 아직도 나는 네버랜드를 향해 가고 있는 것이다.

'응, 나는 여전하지.'

답장을 보냈다. 나는 여전하다.
내 멋대로 살고 싶은 것을 이렇게 핑계 대고 있는 거다.

'관종' 아니고 '별종'입니다

 내가 제일 많이 듣는 말은 '너는 정말 특이해' 또는 '평범하지 않아'였다. 어릴 때 아팠던 후로는 온 가족이 나를 아픈 아이로 봤었다. 나에겐 큰 기대도 하지 않았고, 그저

'건강히 너 하고 싶은 일 다 하며 자라다오' 하셨던 것 같다. 엄마는 나에게 종종 이렇게 당부했다.

'내일 죽을지도 모른다고 생각하고 오늘을 살아.'
'오늘 널 위해서만 살아.'
'오늘 네가 하고 싶은 모든 것을 다 하며 살아.'

그래서 나는 최대한 그렇게 살아보려 했다.
학교를 가는 버스에 앉아 있다가 그냥 종점인 바다까지 가서 바다를 보고는 학교가 아닌 집으로 돌아오기도 했고, 몸이 좋지 않아 조퇴증을 받아 놓고도 갑자기 학교 담을 넘어보고 싶어 뛰어넘다가 선생님과 추격전을 벌이기도 했다. 또, 시험 기간이 아닌데 밤새 학원 자습실에 있고 싶어서 퇴근해야 하는 선생님들 발을 묶어 놓기도 했고, 산타 할아버지가 없다는 교회 목사님을 앉혀놓고 산타 할아버지의 존재 타당성에 대해 논쟁을 하기도 했다.

열심히 지금 내가 당장 하고 싶은 것들을 했었다. 그렇게 내가 지금 당장 하고 싶은 사소한 일들을 하다 보니 나는 '특이하고 평범하지 않은 사람'이 되어 있었다.

그렇게 자랐어도 결국 지금의 나는 내일의 작고 소중한 내 월급을 포기할 수 없는, 밥벌이를 하고 공과금을 걱정해야만 하는, 오늘 하루만 살 수 없는 삶을 살고 있다.
그런데 사람들은 여전히 나를 '특이하고 평범하지 않은 사람'으로 이야기한다. 어릴 때부터 '오늘의 나를 위해 살아라'고 수없이 말해주셨던 어머니 덕분에 최소한 남의 눈치는 좀 덜 보기 때문이 아닌가 싶다.

사실 나 말고 다른 이들도, 하나도 평범하지 않은 사람들뿐이라고 생각한다.
대부분 차를 살 때 한두 푼 주고 사는 게 아니다 보니 내가 좋아하는 색깔이 아닌 되팔 때를 생각하며 사람들이 많이 찾는 무난한 흰색이나 검은색을 산다. 하지만 나는 한두 푼 주고 사는 것도 아니고, 하루 이틀 탈 것도 아니니까 그 차를 타는 동안의 나를 위해 제일 좋아하는 색

깔의 차를 샀을 뿐이다. 기준이 되팔 때가 아니라 내가 탈 때였을 뿐이다. 기준이 다른 사람들이 아니라 나였을 뿐이다.

 세상에 이렇게 많은 사람들이 있는데 서로 다른 게 당연하지 않은가? 내일의 작고 소중한 내 월급을 포기할 순 없지만, 내가 좋아하는 사소한 것들을 포기하지 마시길. 그렇다면 나뿐만 아니라 모두가 별종일 테니.

 아직은 모두들 하얀 차를 타고 다니기에, 내가 '특이하고 평범하지 않은 사람'으로 불리고 있는 것 같다.

웃는 아이

나한테는 스스로 제일 컨트롤 안 되는 게 표정이다.

중학교 때 집에서 언니와 같이 개그 프로그램을 보고 있었는데, 언니가 막 웃다가 나랑 눈이 마주치자마자 나에게 짜증을 냈다. 무표정으로 개그 프로그램을 보고 있는 나를 보면 재미있게 보다가도 갑자기 웃음이 뚝 그친다는 것이었다. 나는 그때 그 방송을 굉장히 재밌게 보고 있었다. 심지어 아무리 봐도 개그맨들은 모두 천재 같다고 생각하면서 한껏 즐기고 있던 표정이었다.

17살 때 대학가에서 휴대폰을 파는 아르바이트를 하게 된 적이 있는데, 지나가는 사람들에게 붙임성 좋게 다가가 농담도 하며 웃으며 휴대폰을 팔아야 하는 일이었다. 거기서 나는 한쪽 입꼬리만 올려 웃는 모양새가 비웃는 것 같고, 그렇다고 능글맞지도 못하다는 이유로 적성에 맞지 않는 것 같다며 일주일을 채우지 못하고 잘렸었다.

그러고 나서 동네 학원가의 PC방 아르바이트를 하면서 혼자 있는 시간이 많아졌을 때가 있었는데, 그때부터 시간이 날 때마다 자연스럽게 웃는 연습을 하기 시작했다. 한쪽만 있는 쌍꺼풀에 한쪽만 있는 보조개 때문인지, 미소를 지으면 한쪽 입꼬리만 올라가는 모양새가 내가 봐도 비웃는 것처럼 보였다. 그래서 나는 PC방 카운터에 거울을 가져다 놓고 하루에도 수십, 수백 번씩 거울을 보고 미소 짓는 연습을 했다. 사람들과 눈만 마주치면 웃었고 자연스럽게 웃기 위해 정말 많은 노력을 했었다.

그렇게 겨우 자연스러운 웃음을 만들어 냈다.
성인이 된 후 오랜 노력의 결과로 내 웃는 모습은 습관이 되었다.

대학을 졸업 후 처음에는 부산 집에서 다니기 위한 직장을 구했었는데, 출퇴근 시간이 너무 오래 걸려 입사 3개월 만에 출근길에 쓰러져 회사가 아닌 응급실로 출근을 하는 일이 생겼다. 그 후엔 자취를 결심하고 좀 더 일자리가 많은 구미에서 일을 하게 되었는데, 아직 스스로 내 할 일을 찾아서 하기엔 아는 게 너무 없던 터라, 누가 지나가기만 하면 혹시나 뭐 시키실 일이 있을까 싶어 미어캣 모드로 있었다. 그래서 자연히 사무실의 사람들과 하루에도 열댓 번씩 눈이 마주쳤고, 그럴 때마다 나는 열심히 연습했던 자연스러운 미소로 웃었다. 하지만 누군가에겐 그게 썩 좋게 보이지 않았던지, 며칠이 지나지 않아 나는 '왜 자꾸 사람을 쳐다보고 실실 웃냐, 기분 나쁘게'라는 말을 들었고, 이번엔 웃지 않는 연습을 시작했다.

 웃는 것도 어렵고 웃지 않는 것도 어렵고…
 내 얼굴인데, 내 표정인데 이걸 어떻게 해야 할지 모르겠고 컨트롤이 되지 않는다.
 또 나름의 노력으로 지금은 타이밍을 맞추어 자연스럽게 웃기는 하지만, 기분이 안 좋을 땐 컨트롤 범위를 벗어난다.

 다들 어떻게 그리 자연스러운 표정을 짓고 사는 겁니까!

신입 천사 산타클로스

* 본 이야기는 완벽히 저자의 상상에 의한 것입니다. 집안 전체가 기독교인 저자가 어린 시절 크리스마스 선물을 받고 싶어 만들어 내고서는, 다니던 교회 목사님과 부모님께 그럴 수 있지 않냐며 따지기 위해 써먹었던 이야기입니다. 100% 저자의 개인적인 상상에 의한 이야기이므로 그냥 재미로 읽어주시기를 바랍니다.

천국에는 하나님의 보살핌 아래 수많은 천사들이 각자의 맡은 바 임무를 열심히 수행하며 살고 있었어요. 대부분의 천사들은 생전에 성인으로 이름을 날리던 사람들이었는데, 그중에는 우리가 알 만한 유명한 사람들도 많았어요. 하루는, 세상에서 이루고자 한 바를 마치시고 천국에 돌아온 예수님이 천사들을 한곳에 모으셨어요.

"아주 중요한 일을 맡아줄 천사가 필요해. 내가 세상에 다녀온 것을 기념하는 날엔, 그 어떤 어린아이도 슬프지 않았으면 좋겠어. 그들을 위해 어떤 천사가 날 도와줄 수 있을까?"

예수님은 그 어떤 영혼보다도 순수한 영혼인 아이들의 행복을 가장 중요하게 생각하시는 분이었어요. 그래서 아이들이 자신의 존재를 믿고 따르며, 착하고 올바르게 자라기를 바라는 마음으로 매년 '착한 아이들'을 선별하여 크리스마스 선물을 주고자 하셨어요. 그때 성 니콜라스로 이름을 날리다가 천국으로 온 신입 천사가 손을 번쩍 들었어요.

"저요! 제가 하게 해주세요. 저는 아직 맡은 임무가 없어요!"

"아주 힘든 일이 될 거야. 매년 전 세계의 아이들에게 크리스마스를 선물하는 일이야. 괜찮겠니?"

"물론이에요. 저한테 더없이 기쁜 일이 될 거예요!"

그렇게 성 니콜라스는 첫 임무를 맡게 되었어요. 착하고 순수한 아이들이 더 착하고 순수한 어른으로 자라기를 바라며 아이들의 선물을 만들고 포장하였고, 천국의 많은 사람들 역시 그를 도왔어요.

그렇게 매년 그는 착한 아이들을 찾아와 선물을 나눠주었고, 그는 '산타'라는 이름으로, 산타를 돕는 천국의 사람들은 '크리스마스 요정'으로 불리며 크리스마스에 없어서는 안 될 존재로 지금까지 맡은 바 임무를 계속하며 여러 이야기의 주인공으로 영화, 만화에서도 활약하며 예수님을 돕고 있답니다.

술 한잔했습니다

 이게 되게 나쁜 술버릇이라는 것을 아는데도 혼자 술만 먹으면 내 전화를 받아 줄 누군가에게 전화가 하고 싶어진다. 그게 가족일 때도 있고, 친구일 때도 있다. 가족이

나 친구한테 전화했다가는 술 마셨다고 혼날 것 같으면 전에 사귀었던 남자친구나 최근에 썸 타던 남자에게 전화를 걸기도 한다.

진상이라고 욕해도 된다. 다음 날 나도 나를 욕하니까. 오늘은 최근에 썸도 아니고, 애매하게 몇 달을 매주 만나다가 관계를 정리한 남자한테 전화하고 싶은 걸 간신히 참고, 술김에 글이나 써보려고 한다.

나는 '비혼주의'라고 하기엔 결심이 약했지만, 그냥 결혼을 하지 않겠다고 온 가족과 친구들에게 선언했었다. 그때는 평생 외롭지 않을 자신이 있었다.

하지만, 개소리다. 사람은 결혼의 유무와 상관없이 외롭다. 나도 외롭다. 결혼을 해도 외롭고, 결혼을 안 해도 외롭다. 그래서 딱히 결혼이 하고 싶지는 않다. 엄마도, 언니도 이혼을 겪었고, 결혼이 둘만의 의식이 아니듯 이혼도 둘만의 의식이 아닌 것을 알기에, 나는 실패가 무서워 포기를 했다고 보는 것이 맞다. 그래서 결혼을 포기한 뒤 누군가에게 외롭다고 말을 하면 사람들은 결혼을 추천했기에, 외롭다고 말하는 것도 포기했었다.

내 마음대로 산다고 해놓고 포기한 게 참 많은가? 그게 내 마음대로 살기 위해 포기해야 하는 것들이었다. 다들 무언가는 포기하고 산다.

내일은 역대급 태풍을 예고하는 태풍 '바비'가 우리나라를 덮친다고 한다. 이미 제주도는 피해를 비껴가지 못했고 오늘 밤부터 서해안을 따라 고비라고 한다. 혼자 산 지 10년이 넘었지만 아직도 겁쟁이인 나는 '우르르쾅쾅' 소리 때문에 밤잠을 설칠 것을 대비하여 미리 혼자 술을 한잔했다.

음… 그냥 술이 먹고 싶었다. 사실 나는 술과 안 맞는 체질인데, 낯가리고 붙임성 없는 내가 술만 먹으면 오지랖 대왕이 되는 게 좋아서 술을 먹기 시작했다.

지금은 해가 쨍쨍하면 날씨가 좋아서 술 생각이 나고, 비가 오면 날씨가 나빠서 술 생각이 나는 '술쟁이'가 되어 있다.

하지만 여전히 몸에서 술을 받는 체질은 아니다. 조금 마시던, 많이 마시던 술만 마시면 하루 종일 먹은 내용물을 다 확인하고도 다음 날 오후까지 걸어 다니는 시체로 골골거린다. 그럼에도 불구하고 오늘도 혼자 소맥을 말아서 소주, 맥주 각 한 병씩 먹고 만취한 상태이다. 내일도 출근을 해야 하는 나는, 소주 다섯 병을 먹어도 다음 날 숙취 하나 없이 멀쩡한 언니가 부럽다.

이렇게 혼자 술을 먹고 취한 날은 세상에 나 혼자만 있는 기분이다. 막 좋다가도 막 외롭다. 〈미운 우리 새끼〉 프로그램을 혼술의 친구 삼아 틀어놓고 보았다. 이혼을 하고도 딸 바보인 출연자를 보고 아버지가 미워져서 서럽기도 하고, 온 세상 모두에게 해맑다는 게스트를 보며 왜 나는 그러지 못하는지 자책도 하고 있다.

내일 태풍이 세게 와서 출근을 하지 않았으면 좋겠으면서도 야외 주차장에 세워둔 차가 태풍 바람에 의해 날아다니는 돌에 맞지는 않았으면 좋겠다. 지하 주차장에 댔

어야 했는데 내일 출근 때 우산 펴기 싫어서 아파트 입구 바로 앞에 차를 주차했다.

요 며칠 청소를 게을리해서인지 갑자기 생겨난 날벌레가 짜증나고 비 와서 나가기 귀찮은데 술은 더 먹고 싶다.

이렇게 두서없이 막 써놓고 술 깨고 나서 읽어보면 분명히 이 글이 꼴 보기 싫어지겠지만 그래도 안 지우고 책에 써 넣을 것이다.

술 마셨고, 취했고, 글로도 주정 중이다.

청소년 ≠ 학생

열여덟의 3월 나는 고등학교를 자퇴했다. 여러 가지 이유가 있었지만 사춘기의 '욱'으로 모든 이유들을 설명할 수 있다. 얌전한 모범생은 아니었고, 친구들과 어울려 놀기에 바빴다. 세상에서 친구들이 가장 중요할 때였다.

아직은 체벌이 가능했던 시절이라 입학한 지 얼마 되지 않았던 고1의 나는 학생 주임 선생님이 휘두른 몽둥이에 허리를 맞아 한동안 앉지도 서지도 못했고, 무리의 한 친구는 뺨을 맞아 안경이 부러지고 얼굴에 생채기가 나기도 했다.

당시 내가 느끼기엔 과한 체벌이라 생각해서 불만을 가지고 112에 신고를 했다. 그런 나에게 학교에서는 선생을 신고하는 학생을 가르치고 싶지 않다며 전학을 권유했었지만, 나는 친구들과 같이 다니는 고등학교 생활을 위하여 선택했던 학교라 그럴 수 없다며 버틴 결과로, 자퇴서를 미리 제출한 후 학교를 다니기로 했다.

그 뒤로 완전히 찍혀버린 나는 시도 때도 없이 불려 다니며 언제든지 나를 잘라내 버릴 수 있다면서, 선생님 손아귀에 있는 자퇴서의 존재를 되새기라며 혼나는 일이 일상이었고, 공책을 안 들고 와도 수업 시간에 명찰을 꺼내 놓지 않아도 나는 잘리고 싶냐는 말을 듣게 되었다.

자존심 세고 고집도 세고 자존감도 높은 아이의 사춘기 시절에, 내 학창 시절의 존폐로 받는 협박을 일 년 동안 참으며 학교를 다니던 나는 더 이상 참지 못하였고, 그날도 사소한 이유로 불려가 학교를 그만두라는 협박을 받은 나는 쉬는 시간에 엄마에게 전화를 해서 '학교를 그만두겠다'고 말씀드렸다.

　"그럼 그동안 평범하지 않은 너 때문에 많이 고생하셨을 선생님들께 인사 잘하고 예의 있게 나와."

　엄마의 말을 따라 교실에서 가방을 챙겨 교무실로 들어갔다.

　"그동안 제 고집 때문에 계속 학교에 남아 폐를 끼쳤습니다. 이제 그만 나오도록 하겠습니다. 감사했습니다."

　라고 최대한 예의를 갖추어 인사를 드렸다.

"야 이 새끼야! 너 이대로 나가면 진짜 다시는 학교 못 다녀!"

내 뒤통수에 대고 소리를 지르시는 학생주임 선생님을 뒤로하고는 학교를 나왔다.

실업계 100%의 아무나 가는 꼴통 고등학교였지만, 중학교 때부터 나름대로 성적은 나쁘지 않았던 나는 받고 있는 장학금도 있었고, 친구들과 몰려다니기를 좋아해서 그렇지 공부도 곧잘 했었다.

그러다 보니 막상 그만둔다고 말하고 나온 학교에서 다음날부터 다시 설득 전화가 오기도 했었다. 하지만 내가 학교를 뛰쳐나오고 며칠이 지나지 않아 같이 몰려다니던 무리의 친구를 잃게 되었고, 그 장례식장에서 나는 다시 한번 학교 밖에서 스스로 내 삶을 꾸리기로 다짐했다.

친구의 장례식이 끝난 뒤 학교에서 전화가 왔다.
"자퇴서는 벌써 예전에 버리고 없다. 그냥 널 협박하기 위해 자퇴서 이야기를 했던 거야."

다시 자퇴서를 써야 하니 혼자라도 다시 오라는 말씀에 학교에 갔다. 하지만 보호자가 없으면 자퇴서를 쓸 수 없다는 소리를 듣고, 또 한 번 나를 설득하기 위한 자리일 뿐임을 확인했다. 부모님과 다시 오겠다고 확고한 의지를 보여주고서 집으로 돌아와 자퇴 후의 계획을 세웠다.

　적어도 부모님이 반대했던 꼴통 학교 가더니 이제는 때려치우고 한심하게 산다는 말은 부모님께 듣게 하고 싶지 않았다.

　어머니는 학교를 나오면 더 이상 너는 보호받을 수 없는 일이 많아질 것이지만 그것을 각오하고도 후회하지 않는 결정을 하라고 조언을 해줄 뿐 네 인생이니 네가 결정하라고 하셨고, 나는 무슨 일이 있더라도 후회하지 않겠다고 약속을 했고, 그렇게 학교를 그만두게 되었다.

　그리고 나는 후회하지 않는다.

* 혹시나 하는 마음에 분명히 말하지만, '후회를 하지 않는다'는 말은 '힘들지 않았다'는 말이 아니다. 나는 그 힘듦을 각오했었고 그 후에 아주 많이 힘들었다. 자퇴는 정말 확고한 마음이 아니라면 하지 말 것을 추천한다.

발굴해내다

 학교를 그만두고 난 뒤 검정고시 학원을 다녔다. 사실 열 번도 안 나가서, 안 다녔다고 하는 게 맞겠다. 나이 지긋하신 어른들과 말 걸기도 무서운 노는 아이들이 많았던 학원은 낯가림이 심한 나한테는 선뜻 내키지 않는 곳이었다. 아마 엄마는 비싼 돈 주고 등록한 학원을 열심히 다녔다고 생각하실지도 모르는데 엄마 미안! 사실 나 혼자 독학했다. 그래서 나는 학원에 가 있을 시간에 아르바이트를 하고 자격증 공부를 했다.

  사실 우리 집은, 항상 돈은 없지만 끼니를 굶을 정도는 아닌 지극히 평범한 수준의 집이었다. 그때는 이미 아버지도 안 계셨고 엄마 혼자 생활비를 벌어 언니랑 나를 건사하는 것이 힘드실 법도 한데, 엄마는 나와 언니가 아르바이트를 하지 않고 지금의 나이를 살아가길 원하셨다.

  그럼에도 나는 검정고시 학원을 가기보다 아르바이트 자리를 찾아다녔었고, 그렇게 몰래 몰래 아르바이트를 했었다. 지금도 그렇겠지만 청소년들이 할 만한 아르바이트 자리는 찾기 힘들었다. 겨우 아르바이트 자리를 구해도 자퇴생은 다들 쓰기를 많이 꺼려하셨었다.

'정상적으로 학교를 다니는 애들도 하루 이틀 일하고 현금 챙겨서 도망가는 애들이 있는데, 학교도 그만둔 너를 뭘 믿고 내가 쓰냐'는 입장이었다. 내가 선택한 길이니 어쩔 수 없었다. 그렇게 어렵게 일을 구했고, 동시에 학원을 다니면서 자격증도 준비했다. 지금 내가 가진 자격증들의 2/3는 그 시기에 땄던 자격증들이다.

그때는 내가 무엇을 해야 할지 전혀 감이 오지 않았다. 더 이상 학교를 그냥 다니다가 시간이 흐르면 당연하게 졸업을 맞이할 수 있는 학생이 아니었다. 당장 앞으로의 내가 어떻게 살 것인지 결정을 해야 했는데, 결정할 수 없었다. 너무 어려웠다. 그래서 그냥 일을 하고, 당장 도전할 수 있는 자격증을 따기 시작했다.

내가 선택한 길로 인하여 이미 일찍부터 나는 친구들과 생활이 달라졌고 자연스럽게 혼자 있는 시간이 많아졌다. 친구들과 모여 있을 때면 대화에 낄 수가 없었고, 아이들이 학교 이야기를 할 때에 나는 침묵을 지킬 수밖에 없었다. 그래도 학교를 나오는 마지막 날 엄마와 한 약속이 있었기에, 나는 후회는 하면 안 된다고 생각했다.

다시 계획을 세웠다.

'내가 하고 싶은 것을 찾아 다시 학생이 되자.'

그게 내 계획이었다.

내가 뭘 좋아하는지 뭘 잘하는지 생각해봤다. 그리고 떠올랐다. 어릴 때부터 내 꿈은 기름쟁이었다. 아주 어릴 때부터 초등학교 시절까지, 나는 기름쟁이가 되고 싶었다가 과학자가 되고 싶었다가 발명가가 되고 싶다.

엄마가 큰맘 먹고 줄을 서 가면서 사준 다마고치가 신기해서 원리가 궁금해졌고, 내부를 보기 위해 분해를 했다. 바로바로 소리가 나오는 전화기가 재밌었고, 그것을 분해하여 내부를 들여다보는 것이 내 놀이였다.

만드는 사람이 되고 싶었나 보다.

그렇게 나는 학교를 그만둔 후 나를 마주하는 시간이 많아지고 나서야 묻혀있던 내 꿈을 다시 발굴해냈다.

〈인간극장〉에서 여자 자동차 정비사를 본 엄마가 자동차는 극구 반대하셔서 나는 비행기를 만들어보자 생각했고, 그렇게 대학을 가서 다시 학생의 명찰을 달 수 있게 되었다.

검정고시를 합격했고, 시골에 위치하여 유명하지는 않지만 내 마음에 쏙 드는 대학도 졸업했고, 비록 비행기는 아니지만 기계 설계를 하고 있다.

지금 나는 만드는 사람이 되어 있다.
내 꿈은 발굴되었다.

아버지

아버지는 무뚝뚝하고 표현이 없는 전형적인 경상도 남자였다. 내가 우스갯소리로 친구들에게 우리 아버지는 집에서 딱 세 마디만 하신다고 말했는데 진짜로 대부분

의 날들은 그 세 마디만 하셨었다.

"다녀오셨습니까~"

"엄마는?"

"엄마는 부엌에 있어요." or "엄마는 아직 안 들어오셨어요."

"밥은?"

"저는 먹었는데 아빠는요? 밥 차려요?"

"자자."

질문은 항상 있었지만 대답은 잘 듣지 않으셨다.

무뚝뚝하고 표현을 못하시는 분이었지만, 언니와 내가 자라는 동안에는 계절이 바뀔 때마다 꼬까옷을 입힌 둘을 데리고 바다이든 들이든 나가 사진을 찍어 주셨었다.

내가 아버지의 눈물을 본 적이 딱 두 번 있었다.

한번은 내가 병원에 있을 적이었다. 평소에는 항상 엄마가 좁은 병원 침대에 나와 함께 누워 내 배를 만지며 '우리 똥강아지, 똥강아지'를 말해주었었는데 어떤 이유

아버지

였는지 기억은 안 나지만 그날 밤은 엄마가 오지 않았고 나 혼자 침대에 누워 있었다.

평소에 장이 좋지 않은 편이기도 했고 밤만 되면 더 아픈 날이 많아서 잠을 설치는 일이 많았다. 그날도 나는 배가 아파서 잠이 깼었다.

아버지가 내 앞에 앉아 있었다.

울고 계셨다.

미안하다고 하셨다.

그리고 나는 계속 자는 척을 했다.

분명 많이 사랑해주셨었다.

아버지는 내가 고등학생이 되던 해 우리를 떠났다.

내가 중학교 때 이미 아버지는 집에 들어오지 않는 날들이 많아졌던 것으로 기억하니까 아마 그전부터 이미 마음은 떠나셨을지도 모르겠다.

아버지가 우리를 떠난 후에 나는 아버지를 만난 적이 두 번 있었다. 내가 학교를 그만뒀을 때 아버지는 전화로 내가 자랑스럽다고 하셨다. 얼큰하게 술 한잔을 하시

고 전화하셔서는,

"우리 막내, 스스로 길을 정하는 네가 자랑스럽다. 아빠가 너 검정고시 한 번에 붙으면 용돈 많이 줄게. 너 하고 싶은 거 해."

검정고시를 붙은 후, 아버지는 전화로 하신 말씀대로 내가 아르바이트 하는 곳에 찾아와 진짜 용돈 봉투를 건네주고 가셨다. 같이 밥 한 끼 할 새도 없이 주고 가신 봉투 안에는 50만 원이 들어있었다.

두 번째 만남은 내가 대학에 입학한 후였다.

어느 날 뜬금없이 아버지가 학교로 찾아오셨다. 친구들과 학식을 먹고 나오는데, 타 과의 학생이 내 아버지가 정문에서 기다리고 있다고 전해주었다. 후다닥 내려가 보니 커다란 관광버스를 끌고 온 머리가 하얗게 세어버린 아버지가 있었다. 친구와 같이 내려가 인사를 하니 어색하게 웃는 아버지는 '얼굴 봤으니 되었다'라며 또 밥 한 끼 할 새도 없이 가버리셨다.

그 뒤로 나는 아버지를 볼 수 없었다.

그래도 우리는 아버지가 돌아올 거라고 생각하며 기다렸다. 기다림에 지치고 그리움이 원망이 되어갈 때쯤 나는 엄마에게 포기하기를 사정했다. 나의 원망과 그리움이, 내 어린 시절의 나를 가득 사랑해주던 아버지를 갉아먹길 바라지 않았다. 이해할 수 없는 아버지의 사정이 내 엄마에게, 가족에게 이어지는 슬픔을 주기를 원하지 않았다.

아직도 가끔 우리는 아버지 이야기를 하지만 돌아오지 않을 거라는 것을 알기에 더 이상 기다리지 않는다.

그렇게 우리는 완전히 아버지를 잃었다.

귀한 막내딸

 보통 막내라고 하면 형제가 많거나 형제간의 나이 터울이 좀 큰 경우를 말하지만 엄마는 나를 20대 중반에 낳았고 언니와 나는 고작 2살 터울이다.

그럼에도 나는 꽤 많이 막내스럽게 자랐고 아직도 막내스럽게 살고 있다.

대학 때 우리 학교는 거의 대부분의 학생들이 타 지역에서 왔기 때문에 80% 이상이 기숙사 생활을 했었다. 나머지도 학교 근처에서 자취를 했고 우리 학과에 통학을 하는 학생은 단 3명뿐이었다. 전 과가 공과 계열밖에 없다 보니 학교 전체가 남탕이었고, 몇 없는 여자애들은 남자애들과 동화되어 지냈었다. 내가 가끔 애들과 술을 먹다가 '나 집에서는 완전 귀한 막내딸이야~ 공주야 공주~'라고 말하면 아무도 믿지 않을 정도로 보통 남자애들과 다를 것이 없이 동화되어 남자처럼 지냈었다.

공대 아름이는 다 거짓말이다.

음… 아마 지금 나를 아는 사람들도 안 믿을지도 모르겠다. 그냥 내가 '공대 아름이'가 아니었던 것 같다.

한번은 나와 같이 부산이 고향인 학생회장 오빠가 방학 때 우리 동네에 놀러 온 적이 있었다. 그때 엄마가 밥을 한 끼 사준다고 해서서 같이 아귀찜을 먹으러 갔다. 함께 밥을 먹으며 엄마가 쉴 새 없이 아귀의 살을 발라서 다 큰 딸의 수저에 올려주는 것을 보고는 방학이 끝난 뒤 학교로 돌아가서,

"야, 진짜 귀한 막내딸 맞더라"

라고 말했었다.
누가 봐도 우쭈쭈 막내로 자랐었다.

고작 두 살 터울인 언니와는 자라면서는 많이 치고 박고 싸워댔지만, 스무 살 이후로는 내가 집을 떠나 계속 떨어져 살다 보니 점점 더 형제애가 애틋해져 내 동생을 입에 달고 사는 동생 바보가 되었다.
분명 딸을 낳았는데 키워 보니 아들 같다는 우리 엄마는 장난감을 좋아하는 날 위해 누가 비비탄 총이 있으면
'우리 딸 주게 하나 줘요'
누가 인형을 들고 있으면

'우리 딸 주게 하나 줘요'
해서 받아와 사진을 찍어 보낸다.

'엄마, 서른 넘은 딸 가지고 놀라고 장난감 얻어오면… 고맙습니다…'

 스무 살 넘어서까지 내 손으로 닭 뼈 한번 발라본 적이 없고 내 손으로 게살 한번 발라 먹어 본 적이 없었다.
 엄마도 언니도 내 입에 넣기 바빴다. 지금도 셋이 만나면 둘 다 내 입에 뭐라도 더 넣기 바쁘다.
 그래서 나는 엄마와 언니와 있을 때면 대식가가 되어서는 하루에 7-8끼도 먹는다. 우리 언니는 그런 나를 보고 돼지라고, 먹는 족족 살이 쪘으면 나는 아마 굴러다녔을 거라고 한다. 하지만 평소에는 절대로 그렇게 먹지 못한다. 나, 입도 짧고 양도 작은 편이다. 가족들 앞에서만 오버스럽게 먹는 거다. 가끔 내가 스스로 잘 먹는다고 말했다가 다른 사람들이 내가 먹는 것을 보고 콧방귀 뀐 적이 더 많다.

"너무 귀하게 잘 키워줘서 나 스스로도 귀하게 여기면서 잘 살고 있으니까 혼자서 산다고 걱정 안 해도 괜찮아.

걱정하지 말라고. 안 괜찮은데 괜찮다고 하는 게 아니고.

진짜 나는 너무 많은 사랑을 받아서 무슨 일이 있어도 괜찮은 사람으로 잘 컸어.

이제 엄마랑 언니도 스스로 귀하게 여기면서 좋은 건 엄마랑 언니 입에 먼저 넣고 살자.

나 이제 치킨도 혼자 잘 발라먹고 매운 것도 잘 먹어."

밥 벌어먹기

 대학 졸업을 앞두고 교수님의 추천으로 면접을 보러 갔었다. '산업용 집진기'라고 말하자면 커다란 청소기 같은 것을 제작하는 작은 중소기업이었는데, 나와 함께 같은 과 복학생 오빠 한 명이 면접을 보러 갔었다.

사장님 방에 어색하게 셋이 앉아 이런저런 질문에 대답을 하고 있는데 사장님이 나에게만 질문을 하나 하셨다.

"담배 피워요?"
"네, 피웁니다."
물론 담배는 내 몸에도 주변 사람들의 몸에도 해롭고 안 피우는 것이 좋은 걸 알지만, 그 질문은 나를 위해서나 내 주변을 위해 또는 사회적이거나 환경적인 문제를 위해 한 질문이 아니었다.

"하~ 여자가 담배 피는 거 사창가에 몸 파는 여자들이나 피는 거지~"

나에게 이렇게 대놓고 말씀하셨으니. 그건 걱정이나 염려 또는 사회적인 이유에서 물어보신 것이 아니었고, 그냥 내가 본인이 생각하는 담배나 피는 싸구려 여자인지 확인하고자 물어보신 거였다.

밥 벌어먹기

담배가 기호 식품이라고 하지는 않겠다.

내 기호로 인하여 누군가에게는 피해가 될 수도 있는 문제이니, 피고 싶다면 흡연이 허락된 구역에서 남에게 피해가 없이 피워야 한다고 생각한다.

당연히 피우지 않는 것이 더 좋고.

그렇지만 내가 담배를 피우는 여자이기 때문에 막말을 들을 이유는 없다고 생각한다.

그래서 나는 그 회사를 가지 않았다.

다음은 내 스스로 회사를 알아보았다.

부산 본가에서 출퇴근을 할 수 있는 곳이면 좋겠다고 생각하여 조금 멀긴 하지만 대중교통으로 왕복 3시간 거리의 직장을 구했다. 대중교통 왕복 3시간이면 출퇴근 시간엔 4시간이 넘게 걸렸고, 새벽에 일어나 첫차를 타고 출근해서 칼 퇴근을 해도 밤 9시에 집에 도착할 수 있었다.

조금이라도 잔업을 하는 날이면 잠을 포기해야 하는 일들도 많았다. 그런 생활을 3개월을 하다가 결국 아침 출근길에 응급실에 실려가는 신세가 되었다.

결국 퇴사를 하고, 새 직장을 구하기로 했다.

출퇴근 시간을 고려하지 않고 더 넓은 범위에서 직장을 구하기 위해 자취를 하기로 했다. 그렇다면 꼭 부산일 이유가 없었다. 당시 남자친구도 있고 대학 시절 절친도 있고 공단이 많아 임금도 부산보다는 조금 더 나은 구미로 새 직장을 구했다.

당시 구미는 디스플레이가 호황인 시절이었다. 여러 업체들이 호황을 누리고 있었는데, 내가 갔던 새로운 회사도 그랬었다.

그래서 사장님은 조금 더 빚을 내어 회사 건물을 새로 지었고, 그 새 건물에서 처음 뽑은 직원이 나였다.

그리고 이듬해 스마트폰이 나오게 되었다.

휴대폰 시장의 판도가 바뀌어 갔다. 더 이상 디자인에 따라 휴대폰을 바꾸고 무료 폰이 쏟아지던 시대가 아니었고 고가의 스마트폰은 교체 주기가 늘어났다.

회사는 점점 힘들어졌다.

월급은 자꾸 밀려만 갔고, 월세를 낼 돈도 몸이 아파도 병원에 갈 돈도 없었다. 어느 날은 라면 하나로 3일을 나눠 먹기도 했다. 회사가 힘들어지니 어떻게든 수주를 받기 위해서 잡다하고 돈이 안 되는 일들을 다 받아서 해야 했기에 일은 점점 더 많아졌다. 일이 많아 몸은 고되지만 끼니도 잘 챙겨 먹지 못하는 생활이 이어졌다.

  내 스스로 선택한 직업에, 내 스스로 선택하여 나온 타지 생활이라 누구에게도 도움을 청하고 싶지 않았기에 그냥 혼자 견디기로 했었다. 같은 지역에서 지내다 보니 내 상황을 빤히 알던 친구가 가끔 들러 빈 냉장고를 채워주고 가지 않았다면 아마 난 정말 쫄쫄 굶었을지도 모른다.

  생활이 그렇다 보니 몸도 골골대기 시작했다.
  하루는 도저히 안 되겠어서 일하다 말고 병원을 갔었는데, 회사에서 지금 당장 도면을 보내야 한다며 전화가 왔었다.
  급하게 병원에서 나와 택시를 탔다. 월급을 제때 받지 못해서 현금이 없고 신용카드만 덜렁 있을 때라 죄송하지만 공단으로 좀 가주십사 부탁했다. 그런데 기사님은 공단은 빈 차로 나와야 돼서 현금이 아니면 가지 않겠다고 거절했다.

어쩔 수 없이 힘든 몸을 이끌고 회사까지 내달렸다. 눈물이 멈추지 않았었다.

내 힘듦을 알아달라고 아버지와의 이별로 힘들어하는 가족에게도, 너는 꿈을 이뤘다고 말을 하는 친구들에게도, 다 같이 같은 상황 속에서 어떻게든 회사를 살려 보려고 묵묵히 일을 하고 있는 선배들에게도 차마 말할 수가 없었다.

퇴근 후 불 꺼진 자취방에서, 불을 켜도 '괜찮다'고 '오늘도 수고했다'고 말해줄 그 누구도 없다는 것을 알기에 차마 켜지 못하는 스위치를 잡고 눈물이 마를 때까지 숨 죽여 울기를 반복했었다.

그렇게 버티다 보면 언젠가 회사도 나도 괜찮아지겠지 했지만 회사는 더 힘들어졌고, 결국엔 사장님이 먼저 미안하다는 말과 함께 우리를 놓으셨다.

그렇게 2년을 함께한 내 두 번째 회사와도 이별을 했다.

프로이직러

두 번째 회사를 나와 자취방을 정리하고 부산 집으로 가기로 했다. 천천히 잘 알아보고 신중히 결정하여 나에게 맞는 좋은 회사를 찾고 싶었다.

자취방을 빼기 3일 전 면접 제의가 왔다.

아직은 준비되지 않았지만, 경험 삼아 보자는 생각으로 가겠다고 말했다. 큰 짐은 택배로 미리 부산에 다 보내어 놓고 큰 백 팩 하나와 스포츠 백 하나를 메고 면접을 보러 경기도로 갔다. 멀리까지 간 김에 근처 사는 대학 동기를 불러 소주 한 잔을 했다.

전날 소주 한 잔의 여파로 면접 날 아침에 늦잠을 잤다. 부랴부랴 일어나 머리도 안 감았고, 가방을 둘러매고 까만 바지에 그냥 티셔츠를 걸친 채로 면접을 보러 갔다. 정장을 빼입은 다른 면접자들이 내 행색과 비교되어 민망했지만 뭐 어떠냐. 나는 백수고, 시간이 많아 면접 한 번 보러 왔는데.

면접을 보러 들어가서도 어차피 안 될 거 면접 분위기나 보자는 생각으로, 다른 면접자들 말할 때 그 면접자들의 대답에 감탄하면서 면접관보다 면접자들과 눈을 맞추고 리액션을 하면서 긴장이라고는 하나도 없이 면접을 봤다.

"그 가방은 다 뭐예요?"
"아, 자취방 빼서 짐 싸서 고향 가는 길에 면접 보고 가려고 잠깐 옆으로 샌 거라 짐을 다 들고 왔습니다."
"복장도 그렇고 바로 일을 시작할 준비가 되어 있네!"
"?????"

합격했다.
퇴사한 지 2주도 채 되지 않아 다시 일을 시작했다. 얼결에 간 면접에서 말도 안 되게 합격해서 일을 시작했지만, 기숙사 하우스 메이트와의 관계도 어려웠고, 사소한 오해도 있었고, 다시 장비를 만들고 싶다는 생각이 들어서 고작 1년 남짓 다니다가 퇴사를 했다.

이런 여러 가지 이유로 그만두게 되었지만 그곳을 다니며 아직까지 나에게 '좋은 형'이 되어주는 인생 선배들을 만나게 되었던, 좋아했던 직장이었다. 형들이 진급을 계속함에도 불구하고 아직도 나는 그때의 직급으로 불러서 죄송하지만, 내가 형들 정말 좋아한다.

구미에서 일하던 2년의 시간 동안 작은 회사의 특성이랄 수도 있고, 뭐든 돈 되는 일이라면 다 해야 했기 때문일 수도 있지만 현장에서 조립부터 가끔은 내가 낸 설계 실수에 대한 간단한 수정 가공이나 프로그램과 기술 영업까지 마구 배우며 힘든 와중에도 일이 재미있었던 기억에 다음 직장은 다시 장비를 하러 가게 되었다.

 이번에도 퇴사 후 쉴 틈도 없이 다시 일을 시작했다. 퇴사 후 일주일 만에 새 직장으로 출근을 시작했는데 연구소 직원이 나랑 부장님 단 둘뿐이었다. 당시 사장님이 전장 위주로 사업을 키우시고는 이제 기구부까지 사업을 확장하기 위해 연구소를 막 신설한 참이었다.
 그러다 보니 정말 오만 가지 잡일은 다 내 몫이었다.
 당장 프로젝트를 지휘할 수 있는 오랜 경력자들로 인원을 충당하다 보니 새로 오시는 분들은 다 내 윗분들이었고, 그 분들은 각기 다른 설계 툴을 사용하셔서 아래 직원이 나 혼자였기에 모든 상사들의 수발을 들어야만 했던 나는 총 3가지의 3D 설계 툴을 모두 써야만 했다.

지쳐 갔다.

너무 열심히 일했다. 대학을 나와 처음 일을 시작한 그때부터 쉴 틈 없이 열심히 일했다. 나뿐만 아니라 모두들 쉴 틈 없이 일하고 있는 것을 알기에 핑계를 찾았다.

또 1년을 채우지 못하고 나는 퇴사를 했다.

여행

 퇴사하기 전, 퇴사를 위한 준비를 시작했다. 퇴사의 핑계는 생애 첫 해외여행이었다.
 제일 먼저 워킹 홀리데이 비자를 만들었다. 설 보너스

를 여행 경비에 보태기 위해 설 이후에 퇴사 날짜를 정했다. 2월 중순에 떠나기 위한 비자를 만들고, 비행기를 알아보고, 지역을 정하면서 혼자 떠날 여행을 위한 준비를 하고 있었다. 그러던 중, 술을 한잔하고 친구와 통화를 하다가 긴 여행을 떠나기 위해 준비 중이라고 털어놓았다. 같은 학교, 같은 과 출신으로 내 구미 생활에 힘이 되어 주었던 친구였다.

나와 같은 기계설계를 하는 친구였는데, 3년 남짓의 직장 생활을 하던 중에 좀 더 전문적인 배움의 필요성을 느껴 편입하여 다시 대학 생활을 하고 있었다.

내가 나 자신을 위해 마음대로 살았다고 한다면 이 친구는 정말 모두가 말하는 정석대로의 삶을 열심히 꾸려온 친구였다. 내가 한량의 삶이라면 이 친구는 양반의 삶이랄까… 성격은 전혀 양반이 아니다.

나와는 다르기에 대단하다고 느꼈고, 다르기 때문에 우리는 많이 싸우기도 했지만 서로 다른 각자의 삶을 존중하고 응원해주는 좋은 친구였다. 나는 실행력이 좋다면

이 친구는 용기가 좋아서 같이 새로운 일을 한다면 뭐든 해볼 수 있을 법한 놈이다.

　내 계획을 듣던 친구가 내가 3월까지 기다려 준다면 휴학계를 내겠다며 같이 가자고 했다. 그렇게 같이 떠날 준비를 모두 마치고 사직서를 제출한 뒤, 설 연휴가 되어서야 나는 가족들과 친구들에게 내 여행에 대하여 말을 했다.

"엄마, 나 회사 그만두고 여행 가려고 12월부터 준비하고 있었어. 좀 멀리, 좀 오래 다녀올게."
"말려도 하고 싶은 거니까 그냥 할 거지? 그럼 조심히 잘 다녀와."
　그렇게 나는 친구와 함께 호주로 여행을 갔다.
　떠나기 전 처음 계획은 '한 달은 쉬고 놀다 와야지'였고 호주에 도착한 나는 바로 농장에 갔다.
　서울 사람들은 부산을 시골이라 생각할 수도 있지만 태어날 때부터 지하철이 있는 게 당연한, 한국 제2의 도시에 살았던 나는 시골 생활에 대한 막연한 동경이 있었고,

기계설계로 먹고사는 내가 한국에서는 내 삶을 다 마무리하고 귀농하지 않는 이상, 시골에서 사는 것이 불가능할 것이라고 생각했기에, 호주에 가기로 한 순간부터 농장에 가기로 마음먹었다.

　맨날 기계를 만지고 컴퓨터만 두드리며 일하다가 처음 겪어보는 새로운 삶이었다. 그 새로운 삶 속에서 처음 계획했던 한 달은 순식간에 지나 버리고, 또 금새 두세 달이 흘렀다. 좀 더 해외의 도시 생활을 경험하고 싶었던 친구는 도시로, 처음 하는 시골 생활이 썩 마음에 들었던 나는 더 도시와 먼 외곽으로 헤어지게 되었다. 각자의 생활을 하며 각국의 다양한 사람들을 만나면서 점점 더 좋고 나쁜, 재미있고 힘든 많은 일들을 겪으며 1년을 보내고 친구는 복학을 위해 먼저 한국으로 돌아갔다.

　친구가 떠난 후에도 한국에서의 나와는 전혀 다른 삶을 이어가며 새로운 사람을 만나고 또 이별하고 즐기기도 하며 또 힘들어 울기도 하고 그냥 하루하루를 지내다 보니 어느새 3년이라는 시간이 지나 있었고, 3년 내내 단 한 번도 한국에 돌아오지 않는 나를 기다리다 지친 가족들이 전화를 했다.

"내가 죽기 전에 널 다시 볼 수는 있는 거냐?"
"이 기약 없는 기다림이 언제까지인 거냐?"
"이제 우리 안 보고 살 거냐?"

원망 섞인 그리움을 말하는 엄마와 할머니를 깨닫고 나서야 내 청춘의 마지막 일탈을 끝내고, 스물아홉의 겨울 나는 한국으로 다시 돌아오게 되었다.

연애는 할 겁니다

내 첫 연애는 중학교 때였다. 사실 사랑인지 뭔지 잘 모르겠지만 같이 어울리던 친구들이 연애를 하니, 나도 덩달아 해야 할 것 같은 기분에 연애를 시작했던 것 같

다. 연애라고 하기에도 쑥스럽지만 '사귀자'로 시작해서 '헤어지자'로 끝나는 몇 번의 연애를 했다.

한번은 나보다 세 살 많은 고3 오빠를 만났었다. 어딘가 어른스러운 느낌 때문에 나도 꽤 많이 좋아했었지만 사실은 그렇지 못한 사람이었고, 나와 헤어진 후 내 친구까지 불러내어 상처를 주었었다.

지금 생각해도 아주 나쁜 놈이었다. 그 어렸던 나에게 성관계를 요구했고 내가 거절하자 내 친구를 밤늦게 불러내어 강제로 관계를 시도하려고 했었다. 만약 내가 조금만 더 똑똑했다면, 조금만 더 어리지 않았다면 신고를 했을 텐데, 그때는 아무 일 없이 끝난 것에 감사하면서 그저 그 사람을 나쁜 놈이라고 욕하는 것이 다였다.

그리고 내 연애는 더 가벼워졌다. 누가 나에게 마음을 표현하면 다 받아 주었고, 내 마음은 진심이 되지 않기 위해 노력했었다.

그러다 언니의 초등학교 동창이자 동네 오빠를 만나게 되었는데, 그 즈음이 내 10대 시절의 제일 힘든 때였다. 아버지가 떠나고, 학교를 그만두고, 처음 친구와의 이별도 했던 때였다. 마음이 힘들었던 시기라 몸도 힘들어져, 자주 병원에 입원하기도 했었다.

그때마다 그 오빠는 혼자 병원에 있을 내가 심심해할까 봐 만화책을 잔뜩 빌려다 주고, 방과 후에 나에게 찾아올 친구들이 고맙다며 마실 것을 잔뜩 사다 놓기도 했으며, 본인의 친누나들이 맛있는 것을 해주면 자기는 안 먹고 우리 집 앞까지 고이 가지고 와서 나를 먹이는 정성도 보여주었다.

낯을 가리고 소심한 성격에, 검정고시 학원에 혼자 들어가는 것을 무서워하던 나를 몇 번이나 학원 입구까지 데려다주었고, 처음 겪는 친구와의 이별에 어찌할 바를 모르는 나를 대신해 봉투를 준비해주며 위로뿐만이 아니라 잘 정리하는 법을 가르쳐 주기도 했었다.

정말 좋은 사람이었다.

그 사람과는 결국 헤어졌지만 덕분에 나는 진심으로 하는 연애를 다시 시작할 수 있게 되었다.

그 후로도 몇 번의 연애를 더 했다. 술 먹고 전화하는 진상도 떨어보고, 닭살스러운 말로 밤새 하는 통화도 해 보았다.

근데 이상하게도 나랑 헤어진 사람들 전부 다 다음 사람과 결혼을 하더라. 내 친구들은 나에게서 최악을 겪어 다음 사람이 완벽해 보이는 마법으로, 내가 결혼 장려에 도움을 주고 있단다.

엄마와 언니의 이혼을 겪고 난 후, 나는 결혼은 나 혼자만의 일이 아니란 것을 깨닫고 내가 정말 사랑에 미쳐서 헤어지더라도 한 번 살아봐야겠다는 생각이 들지 않는 한 결혼은 하지 않겠다고 주변에 선언했지만, 여전히 달달한 연애는 하고 싶다.

누군가를 만나 내 시간을 공유하고, 내가 좋아하는 것을 같이하기도 하고, 나 혼자라면 하지 않았을 상대가 좋아하는 것을 같이하면서 새로운 추억을 만드는 일이 연애라고 생각하기에 아직 연애까지는 하고 싶다.

   하지만 나이가 들수록 친구들은 멀어지고 회사와 집 말고는 갈 곳이 없어지니, 새로운 사람을 만날 곳도 없어졌다. 나이는 먹었지만 결혼은 하지 않겠다 못 박으니 연애의 시작이 더 힘들어지기도 했다. 그럼에도 불구하고 여전히 연애는 하고 싶다. 좋은 사람을 만났을 때, 그 간지럽지만 설레는 느낌이 너무 좋다.
   근데 지금은 솔로다.

   결론은 결혼은 하기 싫지만 연애는 하고 싶은 솔로다.

개똥벌레

 마음을 다 주었지만 친구는 없고 모두 떠나가기만 한다는 노래 〈개똥벌레〉의 가사를 아는가?
 어릴 적에 엄마가 좋아해서 자주 불러주었던 노래인데,

요즘 따라 이 노래 가사가 자꾸 귓가에 맴돈다.

 친구가 세상의 전부라고 생각했던 시절이 있었다.
 같이 어울리며 어른들은 이해하지 못하는 우리만의 세상이 있다고 생각하며 철없음을 풀풀 풍기고 다녔었다.
 그 시절에는 친구가 참 많기도 했다.
 하교 후에는 20명이 넘는 대 인원이 교문 앞에서 다 같이 모여서 떠들고 있다가 타 학생들에게 위화감을 조성한다고 선생님께 혼나기도 했었다. 12개가 넘는 반에 각 반마다 친구들이 있었고, 수업을 마치고 나오면 학교 밖에서 만나는 다른 학교 친구들도 차고 넘쳤다.

 학교를 그만둔 뒤 자연스레 혼자만 해야 하는 일들이 많아지면서 서서히 한두 명씩 멀어지기도 했고, 내가 함께하지 못하는 사이에 친구들은 사소한 오해로 생긴 갈등을 풀지 못해 무리가 나뉘어 멀어지기도 했다.

 그렇게 친구들은 줄어들었다.

지금은, 몇몇은 안부도 묻지 않고, 몇몇은 SNS상의 보여 주고 싶은 소식만 서로 접하는 관계로 변했다. 그나마 연락을 이어가는 몇몇의 친구들도 이제는 일 년에 한 번 보기도 힘들어졌다.

다시 학교를 다니기 시작한 스무 살, 전국 각지에서 모여든 친구들을 사귀었다. 지금까지의 내 친구들과는 참 많이 다른 성향의 친구들이었다.

우리는 모두 처음 가족의 품을 떠나온 아이들이었고, 기숙사 생활을 하며 같이 먹고 자고 공부하고 가족과 같이 사는 것보다 더 많은 것을 서로 공유하게 되었다.

힘든 일이 있을 때는 서로의 형제, 자매가 되어 주었고, 아픈 날이 있으면 서로의 부모가 되어주기도 했다.

서로의 특별한 날은 당연한 것처럼 함께 즐겼고, 떨어져 있는 방학이 아쉬워 기숙사가 열리기도 전에 학교로 돌아와 강의실에 이불을 펴고 자는 날도 있었다.

그렇게 우리는 처음 맞은 성인의 자유와 미래를 정해야 하는 책임감을 함께 즐기기도, 느끼기도 하면서 2년의 시간을 보냈다. 무엇을 해도 모두 다 같이했었다.

  하지만 역시 졸업 후 각자의 길을 찾아 전국 각 지역으로 흩어졌고, 그 뒤로 단 한 번도 다 같이 모여본 적이 없다.

  여전히 친구들은 남아있다.
  날씨가 궂은 날에는 각자의 안부를 묻기도 하고, 기쁜 일이 있는 날에는 모든 친구가 다 함께 모일 수는 없지만 시간이 맞는 친구들끼리 모여 술도 한잔하며 과거 우리가 함께 있던 때를 이야기하기도 한다.

  하지만 더 이상 우리는 서로에게 오늘의 힘든 하루를 이야기하지 않는다.

  누군가의 옆에는 이미 나의 하루를 함께 이야기할 반려자가 있기도 하고, 누군가는 힘들었던 하루를 혼자서 견디는 법에 익숙해지기도 했다.

그래도 가끔은 아무 이야기나 떠들며 온 하루를 함께 보내던 옛 친구들이 그리울 때가 있다.
언젠가부터 '가지 마라, 떠나지 말아라' 울부짖는 〈개똥벌레〉의 노랫말이 더 먹먹하게 느껴진다.

그 시절이 그리운 사람이 나뿐만이 아니기를…

좋아하는 것과 싫어하는 것

 레고 조립을 하고 있을 때면 하나하나 설명서대로 딱 딱 맞아 떨어져서 만들어지는 것에 매료되어 시간이 가는 줄 모르고 집중을 하게 된다. 소설책과 만화책 또는

영화의 가상의 이야기를 읽으면 한껏 몰입이 되어 그 주인공이 되는 상상을 한다. 바다를 보면 멍하니 버스에 앉아 종점까지 가서 만나던 그 옛날의 바다가 생각나서 뭔가 마음이 가라앉기도 하고, 친구들과 학교를 땡땡이 치고 무작정 바다로 가서 타던 광안리의 놀이기구가 생각나서 마음이 막 신나기도 한다. 술에 취하면 웃어야지 생각하지 않아도 웃음이 나거나, 울어야지 생각하지 않아도 울음이 나는 것이 창피하지만 재미있다. 비 오는 날 옷과 머리가 젖는 것을 생각하지 않고 빗속을 걸으면 어린아이가 된 것 같아 즐겁다.

사소한 대화를 하는데 내 이야기에 집중해주는 눈빛을 보면 가슴이 설렌다. 배가 고플 때 '잠깐만' 하고 뚝딱 차려주는 계란말이가 있는 엄마 밥이 제일 맛있다. 같이 술 한잔하고 '내 동생'이라고 불러주는 언니가 귀엽다. 만날 때마다 반가워해주고 안아주는 할머니 품이 제일 포근하고 집에 온 느낌이 든다.

대화를 할 때 이야기가 아닌 '내 말은 이거라니까' 하며 의견 피력만 하는 사람과의 대화는 기분이 나쁘다. 번데기는, 냄새는 괜찮지만 왠지 나에게는 먹음직스러워 보이지 않아 입에 넣기 꺼려진다. 술자리 게임은 쑥스럽기도 하고 시끄럽기도 해서 게임을 하더라도 그냥 빨리 져버리고 술 마시는 걸 택한다. 혼자 있는 새벽에 아프면 어떻게 할지 모르겠고 당황스럽다. 말하고 싶지 않은데 자꾸 말을 하라고 하면 나도 모르게 인상이 구겨진다. 술에 만취해서 필름이 끊기면 내가 무슨 짓을 했나 불안하고 한심스럽다. 말을 하면서 침을 튀기는 사람은 더럽고 불쾌한 기분이 든다.

그것 말고도 많다.

조용한 노을을 바라보고 마시는 맥주 한 캔도 좋고 시원한 바람 아래 누워서 낮잠을 자는 것도 좋다. 열심히 했는데도 끝나지 않아서 하는 야근이 싫고, 퇴근 시간이 임박해서 주어지는 급한 일이 싫다. 길에서 몸을 부딪치고 지나가는 사람도 싫다.

좋고 싫은 것들이 참 많다.
내가 뭘 좋아하는지 뭘 싫어하는지 곰곰이 생각해본 게 처음인 것 같다.
더 생각하면 아마 수천수만 개가 나오지 않을까?

좋다.
좋은 것이 많고 싫은 것이 많은 나라서 좋다.

출근하는 이유

 어제 늦게까지 야근을 하고 오늘 아침에는 운동을 가지 않겠다고 마음먹었기에, 평소라면 4시 50분부터 5시 20분까지 울리는 '운동 가기 기상 알람'을 해제하고 잤다.

6시 50분 울리는 첫 알람을 듣고 알람을 계속 미루고 끄다가 7시 20분에 마지막 알람을 듣고 일어났다.

매주 화요일마다 5개씩 배달 오는 일주일 치 우유를 냉장고에 넣어두고 눈뜨자마자 하나씩 마신다. 야쿠르트 아줌마로 일하고 있는 이모가 준 유산균 가루도 같이 먹는다. 휴대폰을 보면서 우유를 다 마시고 나면 7시 30분부터 샤워를 하고 출근 준비를 한다. 뭐 입을지 매일 고민은 하는데, 고민이 무색하게도 매번 그냥 손에 잡히는 것을 입고 출근한다.

8시 20분 기숙사를 나와 회사에 도착하면 8시 45분, 담배를 한 대 태우고 사무실로 올라기면 8시 50분, 아침 팀 미팅 시간에 딱 맞는다. 아침 미팅이 끝나고 나면 9시 2-30분, 그때부터 본격적인 업무를 시작한다. 주 업무는 도면 작업이지만 대부분의 시간은 현장 대응 및 도면 문의 대응으로 시간을 보낸다.

그럼에도 웬만하면 업무 시간 내에 할 일들을 쳐내려고 노력하지만 대응 업무가 너무 많을 때는 불가능하다. 그럴 때면 어쩔 수 없이 야근 결재를 올린다. 야근을 하지 않을 때는 6시 땡 하면 퇴근을 한다. 집에 갈 땐 칼같이 가야지, 눈치 보면서 1-20분 더 앉아 있어봤자 일에 하나도 도움이 안 된다는 게 내 생각이다.

퇴근할 때는 차가 조금 막히는 편이라 6시에 퇴근하고, 기숙사에 도착하면 6시 반이다. 들어가자마자 일단 거실 불과 티브이를 켠다. 집에 있는 걸로 간단히 저녁을 먹을까 하다가 설거지도 귀찮고 그냥 티브이 앞에 누운 채로 배달 애플리케이션으로 저녁거리를 주문한다.

저녁을 먹으면서 티브이를 보다가 12시쯤 자고, 다시 또 첫 기상 알람을 듣고 30분 동안 알람을 미루다가…

아침에 운동을 가는지 안 가는지, 저녁에 야근을 하는지 안 하는지, 저녁밥을 기숙사에서 먹는지 밖에서 먹고 들어오는지. 이 세 가지 옵션의 차이 말고는 항상 똑같은 평일의 패턴이다.

그러다 보니 오늘 아침엔 문득 내가 출근을 왜 해야 하는지 의문이 들었다.

그래서 써보는 출근하는 이유:

1. 이번 달 카드를 많이 썼는데 통장 잔고가 없다.
2. 출근 안 하면 딱히 할 것도 없다.
3. 로또 1등이 되어서 출근 안 하려면 로또를 사야 되기 때문에 로또 살 돈을 벌어야 된다.
4. 내가 스스로 먹고살 돈을 안 벌면 아무도 내가 먹고살 돈을 주지 않는다.
5. 아직 살 날이 너무 많이 남았다.

진짜 많은 이유가 있는데 결국엔 다 돈이다.

그렇다면 그냥 한번 써보는 출근하기 싫은 이유:

1. 어제 야근해서 피곤하다.
2. 야근 안 해도 피곤한 날이 더 많다.
3. 어제 퇴근할 때 현장에서 나온 도면 오류로 인한 불합리점이 아직 해결되지 않았다.
4. 회사는 내가 없어도 잘 돌아간다.
5. 내가 좋아서 선택한 일인데 회사에서 하면 하기 싫다.

출근을 하는 이유, 하기 싫은 이유를 적어 보면 무엇 하나.

나는 내일도, 모레도 출근해야 하는데…

내가 만약에 사업체를 차려서 대표가 된다면 우리 회사는 출퇴근 자율로 운영할 거다.

매주 또는 매달 업무 할당량만 주고 그 업무 다 채우면 출근 안 해도 됨! 추가 업무 지급 시 추가 수당 제공!

그럼 다들 회사에서 시간을 조금도 허투루 보내지 않고 열심히 일할 텐데…

많이 일하고 많이 돈 버는 사람도 있을 거고, 적당히 일하고 많이 쉬는 사람도 있을 거고… 얼마나 좋아!

로또

처음 내가 기계설계를 시작하면서 받았던 연봉은 1,800만 원. 그 후 10년 동안 중간에 호주에 갔던 3년을 빼면 기계설계 8년 차인 지금 내 연봉은 약 00만 원…

내가 정년까지 남은 시간이 약 35년으로 매년 약 3~7%의 연봉이 인상된다고 본다면, 평균 5% 인상률로 계산해 봤을 때 지금부터 10년 뒤엔 약 00만 원, 20년 뒤에야 약 1억이 될 수 있다.

그동안 업계 사정이 어떻게 바뀔지도 모르고, 매년 연봉 인상률에 따라서 이보다 더 적을지도 혹은 더 많을지도 모르지만 물가는 계속 상승할 테니 지금보다 가치는 더 떨어질 것이다.

이렇게 30년 근속을 해도 연봉 1억에는 확실하지 않은 가능성이 생기는 것뿐인데, 내가 매주 로또 1등을 사는 것만으로 매주 나에게 근속 30년 치의 월급을 한 번에 받을 수 있는 아주 작은 가능성이 생긴다.

그래서 나는 로또를 매주 만 원어치씩 사고 있다. 내가 돈에 더 이상 구속받지 않게 된다면 할 수 있는 것들에 대하여 많이 상상해 볼 수 있다는 점이 좋아서, 이 작은 가능성과 혼자 즐기는 기분 좋은 상상에 대한 투자 정도라고 생각한다.

로또 1등이 된다면, 나는 아무에게도 이야기하지 않고 아무 티도 내지 않고 여전히 기숙사에서 회사를 다닐 것 같다.

아마 엄마랑 할머니에겐 슬쩍 말을 할지도 모르겠다. 이 두 분은 내가 이유 없이 드리는 돈을 절대로 받지 않으실 테니 말씀을 드려야 당첨금의 일부라도 드릴 수 있을 것이다. 그리고 나는 돈에 대한 강박에서 벗어나서 조금 더 편안한 마음으로 직장 생활을 할 수 있을 것 같다.

연말 연휴, 고향에 내려가면서도 본가 방문으로 쓰게 될 기름 값에 도로 비에, 또 친구들 만나는 돈과 가족들과 시간을 보내기 위해 쓰는 돈을 계산하며 이번 달 월급과 내 생활비가 얼마나 남을 것인지 계산기를 두드리지 않고 그저 들뜬 마음만 가지고 고향에 갈 수 있을 것이다.

'내가 먹고살려고 이렇게까지 한다'는 마음보다 '이렇게까지 해도 안 되면 회사는 때려 치고 좀 쉬어도 되지 뭐'라는 마음으로 일을 하게 될 것이다. 나에게 주는 '예쁜 것, 좋은 것, 맛있는 것'에 좀 더 관대해질 테니 상상만으로도 너무 즐겁지 않은가!

지금 내 현실에 불만족해서 허황된 꿈을 꾸는 것이라기보다는 지금 내 현실에서 잘 버티며 작은 상상으로 나에게 즐거움을 주기 위한 수단으로서, 어쩌면 도박이라고 할 수도 있겠지만, 너무 과하게 거기에만 매달리지 않는다면 어쩌면 위로가 될 수도 있지 않을까 생각한다.

내가 로또 1등만 돼 봐라! 책도 내고 그림도 그리고 여행도 다니고 내가 하고 싶은 거 다~ 하고 살 거다!! 물론 꼭 로또 1등이 아니더라도 나는 책을 낼 거고, 틈틈이 그림도 그리고, 시간과 돈을 쪼개 가끔 여행도 다니면서 내가 하고 싶은 것을 놓지 않고 살고 있다.

오늘 퇴근하고 로또 사러 가야지!

SNS

나는 SNS를 꾸준히 하는 편이다.

그러나 항상 조금 늦게 유행하는 SNS에 편승하는 편이다. 10대 때 처음 시작했던 SNS는 너도나도 다 모여서 즐기던 '다모임'이었다. 그 '다모임'을 부산에서만 많이들 했다는 건 나중에야 알았다. 그때는 돈을 주고 아이디를 사서 바꿀 수 있었는데, 첫 SNS였던 '다모임'에서 나는 귀여니 문체의 'OH교쟁잇'으로 시작해서 '아기야놀자'가 되었다가 '남산동때구'가 되고 '악수함하자'로 마지막까지 남았었다.

아마 사춘기 시절의 허세(?)였을 것이다.

그때의 나는 만나는 친구들에게 '안녕?'이라고 인사하는 대신 '악수함하자'를 외치고 다녔었다. 그리고 그 인사가 나의 시그니처인 양 아이디로 썼었다.

그러다 친구들이 '다모임'을 그만두고, 우리 사이를 도토리로 증명하던 '싸이월드'로 소통을 시작했다.

나만 '다모임'에 남아있다는 것을 느끼고도 추억이 많이 묻어있는 '다모임'을 포기하지 못했다. 두 개를 병행하다가 결국 '싸이월드'로 갈아탔었다.

아이들이 도토리로 '싸이월드'의 스킨을 꾸미고 노래를 바꾸고 할 때, 나는 나만 보는 비밀일기의 공간으로 적극

활용했었던 것 같다. 비공개로도, 공개로도 참 많은 이야기를 써 뒀었다. 요즘도 가끔 들어가서 보는데 시간 가는 줄 모르고 보게 된다.

대학을 졸업한 후 이미 많은 친구들이 '싸이월드'를 떠났을 때도 나는 '싸이월드'를 꾸준히 했었다. 그러다 스마트폰이 보급화되고 카카오톡의 '카카오스토리'로 넘어간 뒤에도 나는 '싸이월드'를 했었다.

그러다 호주로 가게 되었고 거기서 만나는 외국인들은 당연스럽게 '구글'이나 '페이스북'을 물어봤기에 뒤늦게 '페이스북'을 시작했었다.

한국에 다시 돌아오고 나니 모든 친구들이 '인스타그램'이란 것을 하고 있었고, 또 나는 뒤늦게 '인스타그램'을 시작했다.

고등학교는 스스로 그만두었기에 학교를 다닐 때와는 다르게 친구들을 만나는 시간이 확실히 적을 수밖에 없었다.

스무 살부터는 계속 고향을 떠나 한곳에 정착하지 못하고 짧게는 몇 개월, 길게는 2년 주기로 항상 거처를 옮기며 지냈기에 사람에 대한 그리움과 외로움을 숙명처럼 달고 다니는 나에게 SNS는, 나의 생존 보고를 하는 창구이자 친구들을 향해 놓지 않는 끈과도 같은 존재이기도 하다.

 가끔 이 가상의 공간과도 이별하고, 조금 더 인간스럽게 직접 찾아가 얼굴을 보고 만나면서 인연을 이어야 하는 게 아닌가 싶을 때도 있다.

 하지만 이미 서로의 삶을 가상의 공간에서 보는 것이 자연스러워져버린 이 시대에, 나 스스로도 불쑥 찾아오는 손님이 반갑기도 하지만 부담으로 느끼게 된다. 다른 이들 역시 나와 다르지 않다고 생각해 또다시 SNS 소통으로 돌아가는 것을 반복하고 있다.

사실 이제 단 하나의 SNS도 하지 않고 산다는 건 나에게는 불가능할지도 모른다.

게시물을 올리고 '좋아요' 수를 확인하면서 아직 관심받고 있음을 확인하고 위안하는지도 모르겠다.

음… 이건 그냥 관종인 건가?

장래희망

'이 다음에 크면 내가 할머니 로봇 만들어줄게!'

나는 기억하지 못하지만, 6살 무렵 내가 할머니에게 이런 말을 했다고 한다. 이게 아마 나의 첫 장래희망이었을 것 같다.

초등학교 때는 '과학자, 박사, 기름쟁이'가 되고 싶었다. 나는 그때 그 모든 말들이 우리 집에 있는 티브이를 만들고, 냉장고를 만들고, 컴퓨터와 게임기를 만드는 사람을 지칭하는 줄 알았다.

중학교 때는 내가 무엇이 될지 고민하지 않았다. 그냥 하루하루가 재미있었고 노는 게 제일 좋은 '뽀로로'와도 같은 삶을 살았었다. 고등학교를 그만둔 뒤 다시 나의 미래에 대한 고민을 시작했고, 꼬맹이 시절의 장래희망을 다시금 떠올려 또 한 번 '기름쟁이'가 되어야겠다고 희망했다.

그렇게 나는 전공을 정했고, 비록 2년제이지만 대학을 가서 내가 배우고 싶은 것에 대한 공부를 했다. 꼬꼬마 초등학생의 장래희망은 그렇게 현실이 되었고, 해보고 싶은 것을 하기로 했던 나는 지금, 경기도 어느 구석의 중소기업에서 기계설계자로 일을 하고 있다.

직업이 생기고 더 이상 내 장래희망이 직업일 이유가 없어진 뒤 나는 또 한번 나의 미래를 고민하게 되었다.

나의 내일은 나의 오늘과 같을 것 같았다.
나의 모레도 나의 오늘과 같을 것 같았다.

앞으로도 많은 사람들을 만나고 헤어지게 될 것이고, 회사를 다니며 일을 하고, 가끔 만나는 친구와 가족과 어울리는 오늘과 같은 하루하루를 쌓아 가다가, 언젠간 그 모두와 작별할 날을 맞을 것이다.

그래서 나는 언젠가 맞을 모두와 작별을 하는 그 날. 나의 마지막 날에 모인 사람들에게 '괜찮은 사람'이 되기 위해 노력해 보기로 했다.

나를 스쳐 지나가는 옷깃의 인연들에게도, 직장에서 나를 탐탁지 않아 하는 그 누군가에게도, 자주 보진 못하지만 친구란 걸 의심하지 않는 너희들에게도, 나보다 나를 사랑해주는 가족들에게도 '좋은 사람'은 되지 못할지언정 '괜찮은 사람'은 되어 보려 한다.

물론 모두에게 좋은 사람이 될 수 없다는 것쯤을 알지만, 적어도 나의 마지막 날에 나를 기억하고 이야기해주는 사람들에게는 아주 착했던 사람은 아니지만 꽤 '괜찮은 사람' 정도라도 될 수 있도록…

당신에게 그래도 '괜찮은 사람'으로 기억되길 원해서 그래서 가끔은 답답하다는 소리도 들어가며 내 나름의 기준으로 노력하고 있다.

나를 지나간 인연 중 한 명이 나에게 그랬다. 이미 이런 세상에서 착하기 위해 노력을 하는 것은 다른 사람에게 먹잇감을 주는 일밖에 되지 않으니 결국 먹잇감을 주는 그 사람이 나쁜 것이라고, 멍청한 호구가 될 뿐이라고…

그 말이 맞더라도 괜찮지 않을까?

나는 호구로 살지언정 결국엔 '괜찮은 사람'으로 기억될 수 있지 않을까?

어떻게 지내?

하고 싶은 것이 너무 많다.

초등학교 아마 2학년 때부터였을 것이다. 엄마는 내가 피아노를 잘 치길 바랐고, 내 나이 또래 많은 여자애들이 어린 시절 필수 코스처럼 가던 피아노 학원을 나도 가게 되었다. 하지만 나는 크게 재능도 없었고 흥미도 없었다. 피아노 학원에서 돌아오면 하루 한 시간을 연습한 후에 티브이를 보기로 엄마와 약속을 해놓고도, 너무 하기가 싫어서 카세트테이프에 녹음을 해두고 한 시간 내내 틀어 놓았었다.

장사를 하던 엄마는 밖에서 소리만 들리니 내가 연습을 하고 있는 것이라고 믿을 줄 알았다. 아마 믿었을 것이다.

요즘은 그렇게 하기 싫어서 녹음기를 틀어놓고 연습하는 척만 해서 7년을 배워 놓고도 제대로 칠 줄 아는 곡 하나 없는 피아노가 다시 치고 싶어서 기숙사 근처의 피아노 학원을 검색해 보기도 하고, 초보자용 건반을 사기 위해 알아보고 있다.

중학교 시절 미술 시간에 자신의 캐리커처를 그린 적이 있었다. 지금은 치아 교정을 해서 덧니가 없어졌지만, 당시에 나는 양쪽 송곳니가 덧니였고 한쪽 눈만 쌍꺼풀이 있었으며 한쪽 볼에만 보조개가 있는 얼굴에 확실한 특징이 있는 아이였다.

내 얼굴은 우스꽝스럽게 그리기 좋았다.

그래서 나는 특징을 잘 살렸다며 칭찬을 받았었다.

그게 처음으로 그림에 대한 칭찬을 받았던 기억이다.

그 뒤로도 크레파스의 부드러운 느낌으로 그리는 그림을 좋아해서 언제나 내가 사는 곳에는 크레파스와 스케치북이 있다. 가끔 보고 싶은 사람들의 사진을 꺼내보고 그 사람들을 그리기도 한다.

물론 잘 그린 그림은 아니기에 누구한테 보여주기는 부끄럽지만 좋아하는 거라 꾸준히 그리고 있다.

한동안은 크로키가 주제인 만화를 보고 크로키를 해보려 시도해보았지만, 결국 크레파스로 돌아왔다.

고등학교를 그만둔 후 나는 뭐라도 해야겠다 싶어서 자격증들을 땄었다. 내 수준이 높지 않다는 것을 알다 보니 어렵지 않은 자격증 위주로 공부를 했고, 어렵지 않은 자격증들이지만 하나둘 늘어나는 자격증에 스스로 쾌감을 느끼기도 했다.

그래서 대학을 다닐 때는 전공과는 전혀 상관없는 그래픽스 자격증을 따기도 했다.

나이와 경력이 생기고 나니 내 업무와 관련된 자격증이 따고 싶어서 꾸준히 시험에 응시는 하고 있지만 매일 일이 바쁘고 피곤하다는 핑계로 공부는 열심히 하지 않는다.

아마 다음 시험도 공부는 열심히 하지 않을 것 같지만 또 응시는 할 계획이다.

19살 때는 4년의 시간이 너무 길다고 느껴져서 2년제 대학을 선택해서 갔었다.

직장 생활을 시작하고 나니깐 가방 끈 길이에 따라서 내 월급이 달라진다는 것을 깨닫고 난 뒤 가방 끈은 길면 길수록 좋은 것이라는 말에 동의하며 학점은행제를 시작했다. 학위를 따기 위해서는 열심히 해야만 하는데 매번 강의를 틀어놓고 딴짓을 하다가 과제 기간이나 시험 기간이 되어서야 벼락치기 하는 것을 반복하고 있다.

그래도 꾸준히 수강하고 있기에 아마 내년이면 학위를 받을 수 있을 것 같다.

초등학교를 다닐 때 언니는 1,000원, 나는 500원을 하루 용돈으로 받았었다. 언니는 주로 학교 앞 문방구에서 군것질을 하거나, 친구들과 어울려 다니며 풍풍을 타거나 오락실에서 노느라 용돈을 썼었다.

반면, 나는 주로 만화방에 갔었다.

만화책 한 권을 빌려보는 데 300원, 만화방에 앉아서 보는데 100원이어서 항상 나는 만화방에 앉아 5권의 만화책을 봤었다.

대학을 들어가기 전에 동네 학원가 앞의 PC방에서 오후 파트로 아르바이트를 했었는데, 지금처럼 요리를 많이 해야 하는 PC방이 아니었기에 주로 나 혼자 가게를 지키고 있는 시간이 많았고 그 시간에 나는 애니메이션을 봤었다. 1년 정도 되는 PC방 아르바이트 기간 동안 〈원피스〉와 〈코난〉과 〈블리치〉와 〈드래곤볼〉을 1화부터 정주행했다.

만화 사랑은 꾸준히 이어져서 지금도 쉬는 날이 있을 때면 만화카페에 가서 하루 종일 만화책을 보고 오기도 한다.

요즘은 밖에 많이 돌아다니지를 못해서 아예 중고로 만화책을 구입해서 집에 쌓아두고 보고 있는데, 언젠가는 만화책으로 가득한 나만의 만화방을 만들고 싶다.

나는 여전히 잘 지내고 있다.

잘 지내고 있지?

내 이야기는 여기까지다.

당신은 요즘 어떻게 지내시는가?

나의 어제와 나의 오늘과 나의 내일처럼 누군가에게

말해주고 싶은 이야기들이 많지 않은가?

잘 지내?